Martina Steinkühler

Religion mit Kindern 3

Materialien für die Grundschule

Beratung und Mitarbeit
Beate Peters, RPI Loccum
Michael Landgraf, PTI Neustadt (Pfalz)

In Zusammenarbeit mit der **MATTHIAS-FILM** gemeinnützige GmbH

Mit zahlreichen Abbildungen und digitalem Material unter
www.v-r.de/Religion_mit_Kindern_3
Code: 3pfPbThv

Vandenhoeck & Ruprecht

Umschlagabbildung und Illustrationen: Rebecca Meyer

Bibliografische Information der Deutschen Nationalbibliothek

Die Deutsche Nationalbibliothek verzeichnet diese Publikation in der
Deutschen Nationalbibliografie; detaillierte bibliografische Daten sind
im Internet über http://dnb.d-nb.de abrufbar.

ISBN 978-3-525-77010-8

Weitere Ausgaben und Online-Angebote sind erhältlich unter: www.v-r.de

Layout und Satz: textformart, Göttingen | www.text-form-art.de
Druck und Bindung: ⊕ Hubert & Co, Göttingen

Gedruckt auf alterungsbeständigem Papier.

Inhalt

Religion mit Kindern

Angebot und Konzept

Das Wichtigste in Kürze

- ***Religion mit Kindern*** ist ein kompletter Lehrgang für die Klassen 1 bis 4. Er berücksichtigt die Vorgaben der aktuellen Curricula und den neuesten Forschungsstand der Religionspädagogik und Fachdidaktik.
- ***Religion mit Kindern*** ermöglicht Methodenvielfalt und bietet eine Vielzahl fruchtbarer Impulse. Medien und Materialien sind so eingebettet, dass sie subjektbezogenes und nachhaltiges Lernen fördern.
- ***Religion mit Kindern*** bietet Ihnen neben roten Fäden die Flexibilität, die Sie brauchen, um Ihrer individuellen Aufgabe gerecht zu werden: Nach dem Bausteinprinzip stellen Sie aus dem Komplettangebot Ihren Weg durch das Schuljahr zusammen. Übersichtliche Jahrestafeln unterstützen Sie.
- ***Religion mit Kindern*** hat Freude an lebensnahen Zugängen, an anregenden Lernarrangements und Lernlandschaften. Geboten wird ein attraktiver Medienmix, der sich sowohl auf die Bibel als Quelle und Urkunde christlicher Religion als auch auf Kinderbücher und -filme als Zeugnisse aktueller Kinderwelten bezieht und stützt. Originale Begegnungen mit Menschen, Natur, Orten und Bauwerken gehören ebenso in das Gesamtarrangement wie die intensive Kommunikation in der Gruppe und zwischen Ihnen und den Kindern.
- ***Religion mit Kindern*** stellt die Kinder in den Mittelpunkt. Kinder sind die Subjekte ihres Lernens. Die Erfahrungen, das Vorwissen, die Erwartungen und Fragen, die die Kinder mit in den Unterricht bringen, sollen zur Geltung kommen und den Weg zum gemeinsamen Forschen am „Geheimnis des Lebens" eröffnen.
- ***Religion mit Kindern*** basiert auf der Grundannahme, dass Religion eine besondere Weise der Weltsicht ist, Leben im Horizont der Transzendenz. Diese Weise gilt es zu erproben. Dazu brauchen wir Wahrnehmungsschulung, Deutungskompetenz, eine besondere Sprache sowie Gestaltungs- und Aneignungsangebote.
- ***Religion mit Kindern*** liegt ein weiter Religionsbegriff zugrunde: Religion ist Ehrfurcht vor dem Leben, ist Staunen und Sehnsucht, ist Transzendenzerfahrung. Wer grundsätzlich einen guten Willen am Werk sieht, findet den Mut und die Kraft, den Unwägbarkeiten des Lebens zu trotzen; wer diesen guten Willen vertrauensvoll „Du" nennen kann, gewinnt Begleitung, Geborgenheit, Trost, kurz: Gottes Segen.

- *Religion mit Kindern* fokussiert religiöse Erfahrung und Deutung auf die biblische Tradition, auf das Christentum, auf die evangelische Konfession. So entspricht es nicht nur den verfassungsmäßigen Vorgaben, sondern auch der Grundeinsicht, dass Religion nur erlebbar und erfahrbar wird am konkreten, gelebten Beispiel. Das schließt die Offenheit für andere ausdrücklich ein.
- *Religion mit Kindern* lädt Muslime, Juden, Anhänger anderer Religionen und Weltanschauungen ausdrücklich ein, ihre eigenen Geschichten, Haltungen und Deutungen einzubringen. Das Exemplarische eröffnet den Dialog.
- *Religion mit Kindern* führt die Figur des *Frag-Mal* in das gemeinsame Nachdenken ein – als Zeichen dafür, dass es gilt, tiefer zu schauen: auf das Geheimnis, das unter der Oberfläche des Sichtbaren liegt, und auf den Schatz, den die „Gefäße" (2 Kor 4,7) bergen: Orte, Worte, Geschichten und Zeiten. Das *Frag-Mal* steht für theologische, ethische und philosophische Gespräche mit Kindern und ermutigt zum Selbst-Fragen.
- *Religion mit Kindern* arbeitet kontinuierlich am Gottesbild. Das Reden von Gott ist von Anfang an nicht einfach: Gott bleibt ein Geheimnis, widerständig und unverfügbar. Vorstellungen der Kinder begegnen Fragen, Geschichten und elementaren Bibelworten. Besondere Bibel-Erzähl-Stunden bauen Bibelkompetenz auf: im Hören und Erzählen, Deuten und Verstehen.
- *Religion mit Kindern* leistet einen spezifischen Beitrag zum Bildungsauftrag der (Grund-)Schule. Resilienz und Empathie, Respekt und Toleranz stehen im Mittelpunkt religiösen Lernens.

Das *Frag-Mal* – Verständigung über Religion

„Der Jesus, der war doch bestimmt auch mal un-nett" – Unzufrieden murmelt Mitchel[1] vor sich hin. Er hat im Religionsunterricht die Aufgabe, ein „Gebet an Jesus" zu schreiben, und ist am Kritzeln. Er wisse nicht, wie man betet, hat er schon mitgeteilt. Und jetzt dies: Der war auch mal „un-nett".

So wie Mitchel sind nicht wenige Kinder, auch im Religionsunterricht: religiös kaum sozialisiert und zunehmend kritisch gegen tradierte Glaubensmuster. Wichtig wäre, dass er seine Fragen und Ansichten äußert. Dass man darüber reden kann – nicht, um ihn zu „verbessern", sondern um eine wichtige Kompetenz einzuüben: miteinander über Haltungen und Einstellungen zu reden, sich über Religion zu verständigen. Wo, wenn nicht im Religionsunterricht, können Kinder erfahren, dass es unterschiedliche Glaubens- und Nicht-Glaubenshaltungen gibt – und wie man damit umgeht.

In der zweiten Hälfte der Grundschulzeit wird die Begleitfigur des *Frag-Mals* umgewidmet: Es stellt nicht mehr Zwischenfragen, sondern es ermutigt zum Fragen. Es

1 Mitchel und vier andere Kinder wurden auf ihrem Weg durch die Grundschule von einem Filmteam beobachtet und interviewt: Die Kinder von St. Georg. Dokumentarfilm von Hermann Lorenz; Deutschland 2000/2004, 93 Minuten; als DVD bei Matthias-Film gemeinnützige GmbH.

redet nicht mehr von sich aus (durch den Mund der Lehrkraft), sondern steht den Kindern zur Verfügung. Liegt es im Sitzkreis, gibt es zwei Optionen:

- Die Kinder verwenden es wie einen Sprechstein: Wer etwas fragen will, nimmt das ***Frag-Mal*** in die Hand.
- Es liegen Fragekarten bereit, auf denen die Kinder je eine Frage notieren und diese beim ***Frag-Mal*** ablegen. Die Gruppe entscheidet, über welche der Fragen ein *Theologisches Gespräch* geführt wird.

Des Weiteren führt ***Religion mit Kindern*** die ***Frag-Mal-Box*** ein (Bastelanleitung –> **D1.11**). Die Kinder werden ermutigt, ihre Lebens- und Reli-Fragen zu notieren und einzuwerfen, mit der Zusage: Die Lehrkraft wird die Fragen lesen und bei Gelegenheit aufgreifen. Es ist selbstverständlich, dass dies dann auch geschehen muss – im Klassengespräch, als Gruppenaufgabe, im Einzelgespräch mit dem Kind.

Die *Spruchbänder* und das *Denk-Mal*

Diejenigen, die schon mit ***Religion mit Kindern*** gearbeitet haben, kennen sie schon: Bibelsprüche (in elementarisierter Sprache), die, möglichst mit Stofffarbe auf Nesselstoffstreifen geschrieben, die Lebenserfahrungen der Kinder und der Bibel miteinander konfrontieren und ins Gespräch bringen.

Mit Inputs allein ist ***Religion mit Kindern*** in der zweiten Hälfte der Grundschule nicht zufrieden. Neben die Merksätze aus der Tradition treten solche aus der eigenen Erfahrung: Unter dem Namen und Zeichen ***Denk-Mal*** (–> **BM3B**) besteht die Möglichkeit, Gesprächsergebnisse auf den Punkt bringen – zum Festhalten. Vorgeschlagen wird eine Pinnwand mit ***Denk-Mal:*** Darauf wächst eine Sammlung von *Denk-Mal-Sätzen,* zum Beispiel auf Pappstreifen oder Denk-Mal-Karten. Die Pappstreifen sind an der Pinnwand gut sichtbar, die Denk-Mal-Karten wiederum kann man besser sammeln. Entscheiden Sie, welche Variante für Sie und ihre Gruppe die bessere ist.

Die *Puzzleteile* – Verlangsamung

Der Religionsunterricht ist unter anderem als heilsames Gegenmodell zum Lebensalltag der Kinder zu verstehen, als seine kritische Ergänzung. So setzt er dem „Immer-Schneller-Immer-Mehr"-Lebenstakt eine bewusste Verlangsamung entgegen. Er bietet Raum und Zeit, die Dinge in aller Ruhe wahrzunehmen und zu bedenken, seien es Geschichten, Bilder, Objekte oder den Mitmenschen.

Ein Symbol dieser Verlangsamung ist das Puzzle-Motiv, das in ***Religion mit Kindern 3*** leitmotivisch begegnet. Wenigstens drei methodische Varianten ermöglichen unterschiedliche Erfahrungen mit Verlangsamung:

Vom Bild zum Teil

Der Mensch orientiert sich am ersten Eindruck. Sein erstes Urteil über einen Unbekannten, eine Situation oder sonst eine Wahrnehmung steht innerhalb der ersten Minuten fest. (Das ist so eingerichtet, um zu gewährleisten, dass man z. B. bei Gefahr schnell reagieren kann.)

Der Mensch wäre aber nicht Mensch, wenn er diese Erst-Urteile nicht revidieren könnte. Und häufig tut er es von selbst, zum Beispiel beim näheren Kennenlernen. Bisweilen jedoch ist er auch träge oder dickköpfig oder was auch immer. Dann speichert er sein Vorurteil ab und gibt sich zufrieden.

Religion mit Kindern hilft hier gegenzusteuern. Das Bild, das wir sehen, zerschneiden wir in Teile und setzen es in aller Ruhe neu zusammen. Dabei lernen wir es erst so richtig kennen. (Legen Sie zu Hause mal ein 1000-Teile-Kunst-Puzzle, dann wissen Sie, was ich meine.)

Vom Teil zum Ganzen

Das menschliche Gehirn setzt aus einer Unzahl visueller Wahrnehmungen ein Bild zusammen. Natürlich geht das so schnell, dass wir es nicht merken. ***Religion mit Kindern*** ahmt dies nach, indem die Kinder zunächst nur Teile des Ganzen erhalten. Erst im Lauf des Unterrichts ergibt sich ein Gesamtbild, sei es in Einzel- oder Partnerarbeit oder in der Gesamtgruppe. So wird nicht nur das Bild Stück für Stück kennengelernt, sondern auch der Wert von Kooperation und Gemeinschaft.

Dabei werden auch Erfahrungen der Unvollkommenheit und vor allem der Diversität gemacht. Vielfach sind die Bilder, die entstehen, ergebnisoffen und unabgeschlossen.

Schritte auf dem Weg

Jeder Weg, den ich gehe, auch und vor allem der Lebensweg, besteht aus Schritten – aus einzelnen Stationen, Ereignissen, Herausforderungen und Entscheidungen. Erst im Rückblick ergibt sich ein Bild. So soll auch die Wegsymbolik, die ***Religion mit Kindern 3*** verwendet, mit der Puzzle-Methode verbunden sein. Die Kinder üben das Antizipieren wie den Rückblick. Sie lernen zugleich biografische Erzählungen deuten: Sie sind „rückwärts“ erzählt, von der Weisheit des Endes her. Auf dem Weg dagegen ist das Leben ein Puzzle. Theologisch gesprochen: Fragment, Existenz jenseits von Eden.

Biblisches Erzählen – Glaubenserfahrungen zur Sprache bringen

Um noch einmal auf Mitchel zurückzukommen: Warum ist es ihm wichtig, dass Jesus auch mal „un-nett“ war? Offenbar hat man ihm immer nur nette Geschichten von Jesus erzählt. Das entspricht der biblischen Erzähltradition, beißt sich aber mit Mitchels Lebenserfahrung. Da protestiert er.

Es ist wichtig, Kindern Gelegenheit zu geben, ihre Lebenserfahrung an dem, was ihnen erzählt wird, zu erproben – sei es, dass die Erzählerin auf Rückfragen erzählt, dass

Jesus durchaus „unwillig“ werden konnte, sei es, dass der Kontrast gemeinsam deutlich herausgearbeitet wird: „Jesus war anders als andere. Das macht ihn so besonders ...“ Damit jedoch solche Gespräche überhaupt zustande kommen, bedarf es einer besonderen Erzählhaltung: offen, fragend, dialogbereit.

Die Erzählungen der Bibel sind uns in einem großartigen Erzählstil überliefert: knapp und offen; sie lassen ganz viel Platz für eigene Vorstellungen. Aber: Sie sind in einem selbstverständlichen Bekenntniston aufgeschrieben worden. Der Erzähler hält sich zurück: neutral und zugleich allwissend. Dadurch machen die Geschichten heute einen sehr geschlossenen Eindruck. So als könne und dürfe man sie gar nicht hinterfragen. „So war das. Glaub es oder glaub es nicht. Basta.“

Da aber Gott in ihnen handelt, redet, denkt und fühlt wie ein Mensch, können unsere Kinder das heute nicht einfach so „glauben und basta“. Sie müssen darüber reden. Darum sind die Bibel-Erzähl-Vorschläge in ***Religion mit Kindern*** darauf ausgelegt, die neutrale und allwissende Erzählhaltung zu verlassen.

Die *Erzähl-Vorschläge* legen nahe, dass die Lehrkraft als Erzählerin / Erzähler mit einer kleinen Distanz erzählt, subjektiv, vielleicht sogar zweifelnd. Glaubenserfahrungen kommen zur Sprache; die kann man nachvollziehen. Man kann erproben, ob sie übertragbar sind und tragen.

Gegenüber den Anfangsklassen ändert ***Religion mit Kindern*** in der zweiten Hälfte der Grundschule das Erzählsetting. Auf die Anmutung der Ursprungssituation (Lagerfeuer, Bilder vom Heiligen Land, Nomadenspeise) wird verzichtet. Vorgeschlagen wird ein Sitzkreis mit der Bibel, einem *Brunnen* (–> **M1.14**) und Bildkarten; nach der Erzählung: das ***Frag-Mal*** und Fragekarten (–> **BM3A**). Ein neues Erzähllied macht den besonderen Wert von Bibelgeschichten deutlich: Sie bieten dem Suchenden „Wasser des Lebens“.

Um die Kinder behutsam an die „große“ Bibel heranzuführen, erhalten die Kinder nach der Erzählstunde einen *Grundtext*: Die Grundtexte sind Fassungen der erzählten Bibeltexte, die nah am Bibeltext sind, passend zugeschnitten, behutsam elementarisiert und geöffnet. Die Kinder entdecken den Unterschied zwischen Lesen und Hören. Sie sichern einen Grundbestand an biblischen Geschichten.

Reli auf dem Weg

In der zweiten Hälfte der Grundschulzeit sind die Kinder selbstständiger geworden. Ihr Radius hat sich erweitert. ***Religion mit Kindern*** schlägt vor, vermehrt auch Wege nach draußen zu wagen. ***Religion mit Kindern*** kann solche Exkursionen nur anregen und umreißen; konkrete Füllungen ergeben sich je nach Schule, Gruppe, Ort und Zeit.

Religion mit Kindern schlägt vor, dass jedes Kind (in Privatinitiative) *einen Gottesdienst* besucht, z. B. Erntedank, Taufe, Weihnachten oder Ostern. Dazu ist ***Religion mit Kindern*** auf die Bereitschaft und Unterstützung der Eltern angewiesen. Ein *Elternbrief* findet sich im Basismaterial (–> **BM4**); besser ist es, dieses Thema auf einem Elternabend anzusprechen. Viele Eltern haben ohnehin Sorge, dass ihr Kind im Religionsunterricht vereinnahmt werden könnte; diese Sorge dürfte hinsichtlich eines Gottesdienstes noch größer sein. Daher ist es wichtig, die forschende Haltung, mit der das Kind den Gottesdienst erleben wird, genau zu beschreiben. Dem Elternbrief liegt ein Beobachtungsbogen für die Kinder bei. Die Auswertung der Beobachtungen erfolgt im Unterricht, im Anschluss an das Anfangsritual – wann immer Kinder signalisieren, sie hätten einen Gottesdienst erlebt.

Die Urteilskompetenz der Kinder hat sich erweitert. ***Religion mit Kindern*** schlägt auch weiterhin Einheiten und Schritte vor. Dennoch sind die Kinder zunehmend in den Prozess der Unterrichtsplanung mit eingebunden:

- Zum einen durch *Methodengespräche*.[2] Zu einzelnen Schritten gehören Feedback-Kreise, in denen die Kinder gemeinsam reflektieren: Warum haben wir das gemacht? Was hat es gebracht? Warum haben wir es so gemacht? Welche anderen Wege gibt es?
- Zum anderen tragen die Kinder durch ihre Fragen (**–>** ***Frag-Mal-Box***) zur inhaltlichen Schwerpunktsetzung bei. Sie werden ermutigt, in die acht Einheiten des Schuljahrs eigene Inhalte einzubringen.

Das heißt für die im Folgenden abgedruckten Unterrichtsskizzen: Sie sind immer nur Vorschläge. Varianten, die die Kinder mit ihren Fragen und Voten nahelegen, sind in die konkrete Unterrichtsplanung einzubeziehen. Denn: *Erst fragen und dann nicht beachten – das geht natürlich gar nicht.*

Die Materialien

- ***Religion mit Kindern*** – das sind Unterrichtsverläufe: Einheit für Einheit, Schritt für Schritt. Jeder Schritt wird auf einer Seite entfaltet, jeweils mit Angaben dazu, was Sie brauchen, und mit Unterrichtsideen, die eine Doppelstunde / eine oder zwei Einzelstunden füllen. Knapp wird das Geschehen umrissen. ERWARTUNGSHORIZONTE zeigen an, in welche Richtung Erarbeitungen und Gespräche sich entwickeln können.
- Im Materialteil dieses Bandes bzw. im digitalen Material[3] finden sich den Einheiten zugeordnete *Materialien*: gekennzeichnet mit „M" für Material, das im Buch enthalten ist, bzw. „D" für digital abzurufendes Material. Das sind Erzählvorschläge, Mal- und Bastelvorlagen, Arbeitsblätter, Lieder u. a. Die meisten sind fix und fertig, einfach zum Kopieren oder Ausdrucken.
- *Einige Elemente* aus dem digitalen Angebot von ***Religion mit Kindern 1*** und ***2*** werden weiter verwendet: Das betrifft die 88 Bildkarten, die Jahresuhr sowie das ***Frag-Mal***; Sie finden diese unter dem Stichwort „Basismaterialien" (**BM**). Andere Materialien aus ***Religion mit Kindern 1*** oder ***2***, die punktuell wieder auftauchen, sind im Material zur jeweiligen Einheit mit angeboten.

---

2 Methode wird hier als „Lernweg" verstanden.

3 Abrufbar auf www.v-r.de mit den Zugangsdaten vorne in diesem Band.

- Die *Bildkarten* umfassen viele Facetten des Lebens bzw. der Religion. Sie werden in einem schön gestalteten Schuhkarton (o.ä.) bewahrt und als „Schatz" präsentiert. Wann immer die „Schatzkiste" eingesetzt wird, finden Sie einen Hinweis darauf, welche Karten drin sein sollten.
- Die *Jahresuhr* verortet den Unterricht im (Schul-)Jahr – sie zeigt die Jahreszeiten und Feste. Sie basteln sie einmal in groß und mit beweglichem Zeiger zum Aufhängen. Die Kinder erhalten eine DIN-A4-Kopie für ihre Reli-Mappe. Sie wird farbig gestaltet.

- Die *Deckblätter* jeder Einheit sind Vorlagen für die Ergebnissicherung. Am Ende der Einheit erhalten die Kinder einen Ausdruck für die Reli-Mappe, auf dem sie stichwortartig festhalten, was sie neu entdeckt haben und mitnehmen wollen.
- Für jedes Kind empfiehlt sich eine *Reli-Mappe* – nicht zum Lochen und Einheften, sondern zur Aufnahme einer Lose-Blatt-Sammlung für verschiedene Formate (Mappe mit Klappen und Gummiband). Was dort hineinkommt: Deckblätter, Jahresuhr, Lied- und Arbeitsblätter, weitere Produkte der Schülerinnen und Schüler.
- Etwas Besonderes sind die *Bibelblätter*. Um nachhaltig Bibelgeschichten kennenzulernen, erhalten die Kinder nach jeder Bibel-Erzähl-Stunde ein vorgestaltetes Blatt (DIN A4, quer), das an die Geschichte und ihre Erarbeitung erinnert. Es wird nach innen gefaltet und an der offenen Seite gelocht, sodass zwei bedruckte DIN-A5-Seiten entstehen.

  Ab ***Religion mit Kindern 3***: Auf der Vorderseite befindet sich die Initiale der Geschichte – als Einladung, sie mit Teilen der erzählten Geschichte auszugestalten. Die restlichen Buchstaben laden dazu ein, sie mit eigenen Gedanken zur Geschichte zu umschreiben. Die Kinder nehmen das Blatt mit nach Hause und besprechen die Geschichte mit ihren Angehörigen. Sie sammeln ihre Blätter zu einem eigenen *Bibelbuch* – dazu brauchen sie eine schöne Mappe (DIN A5) oder einen Heftstreifen. Die Eltern werden informiert und um Mithilfe gebeten (*Elternbriefe* **BM4**).
- Neu gegenüber ***Religion mit Kindern*** 1 und 2 sind die *Grundtexte* (**G3.1–G3.8**): Sie sind den Bibelblättern zugeordnet und zusammen mit den Bibelblättern abzuheften.
- ***Religion mit Kindern*** rechnet mit unterschiedlichen Konstellationen: Es gibt evangelischen Religionsunterricht mit muslimischen Mitschüler/innen und ohne sie, mit Anders- und Nichtgläubigen und ohne sie. Daher sind Angebote für den Dialog optativ: Im Basismaterial finden sich Impulse für das Gespräch mit dem Islam (→ **BM5** *Islam*); neu auch: für weitere, anders gelagerte Gesprächssituationen (→ **BM6** *Dialog*).
- *Ab* ***Religion mit Kindern 3:*** Verstärkt kommen „Moderationskarten" zum Einsatz als Möglichkeit, dass jedes Kind zunächst individuell seine Gedanken festhält, bevor es sich in den Diskurs begibt. Hierbei ist an dünne Pappkarten oder -streifen gedacht oder an Zuschnitte aus buntem DIN A4-Papier. Oder Sie drucken die *Frag-Mal-Karten* aus, die im Basismaterial beim ***Frag-Mal*** (→ **BM3A Frag-Mal**) bereitstehen.
- Die ***Matthias-Film gemeinnützige GmbH*** bietet das Film- und Bildmaterial, das Religion mit Kindern verwendet, als Zusatz-DVD zum Kauf oder Verleih. Alternativ können Film-DVDs gesondert in den regionalen Medienstellen entliehen werden. Oder Sie

überzeugen Ihre Schule, diese anzuschaffen und immer wieder zu nutzen. Sollten Sie den Aufwand der Beschaffung hin und wieder scheuen, so finden Sie Alternativ-Vorschläge im digitalen Material.

Materialien für *Religion mit Kindern 3*

Die Einheiten dieses Heftes lassen sich mit den im Buch vorhandenen und digital mitgelieferten Materialien sinnvoll erarbeiten. Für eine optimale Umsetzung ist außerdem empfehlenswert:

- die Zusatz-DVD von MATTHIAS FILM oder
- die MATTHIAS-FILM-DVD EDUCATIV „Der Grüffelo" nach dem Bilderbuch von Julia Donaldson und Axel Scheffler

Die Einheiten

Acht Einheiten und ihr Ertrag

Einheit	Erfahrung	Religion	Bibel	Kirche	Kernsatz
1 Wir planen unseren Reli-Weg	Sich einbringen	Nach *Gott* fragen: Bilder	Der brennende Dornbusch	Kirchenjahr	Siehe, ich bin bei dir ...
2 Wir suchen Wegweiser	Sich orientieren	Nach *dem guten Leben* fragen: Ethik	Paradies (3) / Barmherziger Samariter	Die zehn Gebote	Wer auf meinem Weg geht, der wird leben.
3 Wir haben Kraft!	Ressourcen entdecken	*Vertrauen* können: Glaube	David und Goliat	Beten	Meine Hilfe kommt vom Herrn, ...
4 Hinterm Horizont geht's weiter	Ewigkeit ahnen	Nach *Gottes Reich* fragen: Leben	Der Weg durch das Schilfmeer	Totensonntag / Ewigkeitssonntag	Wir haben Gottes Himmel vor Augen, aber so, dass er kommt.
5 Wir gehen mit Maria	Vertrauen üben	Nach *Gottes Plan* fragen: Jesus, der Heiland	Verkündigung an Maria	Advent	Die Nacht ist vorgerückt; der Tag aber nahe herbeigekommen.
6 Wir folgen Jesu Spuren	Die Geister unterscheiden	Nach *Christus* fragen: Menschensohn	Jesus wird getauft und versucht	Epiphanias / Taufe	Ich bin nicht zu euch gekommen, damit ihr ...
7 Wir gehen nach Jerusalem	Durchhalten	Nach *Jesus* fragen: Kreuzweg	Einzug nach Jerusalem	Passion / Abendmahl	Wir gehen hinauf nach Jerusalem ...
8 Wir gehen weiter	Neuen Mut fassen	Nach dem *Segen* fragen: Heiliger Geist	Bileam	Pfingsten	Geht hin in alle Welt und zeigt den Menschen den Weg zu mir.

Sich aufmachen – Wege mit Gott

Zu Beginn der zweiten Hälfte der Grundschulzeit sind die Kinder mit ihrer Umgebung vertraut, sowohl im Hinblick auf die Schule als Ganze als auch mit dem Religionsunterricht. Es ist Zeit, Türen zu öffnen und sich auf den Weg zu machen. Dass Glaubenserfahrungen häufig Wegerfahrungen sind, erzählen viele Geschichten der Bibel: von Abram, Mose, Jesus. Erzählt wird auch von Umwegen und von tiefen Tälern, und dass oft erst im Rückblick deutlich wird: Es lag Segen auf dem Weg.

Religion mit Kindern ermutigt, getrost eigene Schritte zu wagen, gedankliche und ganz reale. Sie gelangen – um es im Lied des dritten Schuljahres auszudrücken – von „Ich möcht, dass einer mit mir geht" bis zu „Es heißt, dass einer mit mir geht" – und damit zu erweiterter Kenntnis von Jesus, von dem es heißt: Sein schwerer Weg habe uns allen über den Berg geholfen.

Das Weg-Ritual am Ausgang und Eingang der Stunde

Im Idealfall ermöglicht Ihr Reli-Raum einen permanenten Sitzkreis mit viel Platz in der Mitte, so dass sich Phasen der Arbeit an (Gruppen-)Tischen und Phasen des gemeinsamen Austauschs oder der Einkehr im Unterricht unaufwändig abwechseln können.

Darüber hinaus benötigen Sie immer häufiger eine „Materialtheke"; also: ein oder zwei Tische, die frei zugänglich stehen und auf denen Sie Material – zur Sichtung oder Selbstbedienung – ausbreiten können.

Zu Beginn und am Ende jeder Stunde sorgt ein besonderes Ritual dafür, dass alle in Reli ankommen und sich auch wieder trennen können. Ein solches Signal ist nicht nur für Gruppen wichtig, die sich speziell für Reli aus verschiedenen Klassen zusammenfinden.

Anfangsritual[4]

- Die Kinder bedienen sich aus einer kleinen Auswahl von Rhythmusinstrumenten (Handpauke, Klangstäbe, Kastagnetten, Triangel). Sie stehen hinter den Stühlen des Sitzkreises. Auf ein Signal hin setzen sie sich im Uhrzeigersinn in Bewegung, unterstützen ihre Schritte mit den Instrumenten. L als Ansager: „Wir sind schon einen Weg gegangen" (**M1.6**); je nach Ansage werden die Kinder schneller oder langsamer. Die Bewegungsrichtung wechselt nach Ansage. Abschluss: „Jetzt sind wir hier." Die Kinder nehmen Platz; kurze Runde: „Heute bin ich ..." (fröhlich, müde ...)
- Lied: „Ich möcht, dass einer mit mir geht" (**M1.5**), Strophe 1.
- Einstieg ins Thema, z. B. Präsentation oder Gespräch im Sitzkreis oder Umzug an die Tische.

4 Wird in der zweiten (!) Stunde eingeführt.

Schlussritual

- Kinder stehen hinter den Stühlen des Sitzkreises. Einmal gegen den Uhrzeigersinn: „Wir sind zusammen einen Weg gegangen“ – und zur Tür: „Und jetzt gehn wir raus!“ (Dazu spielt als Instrumentalaufnahme „Ich möcht, dass einer mit mir geht“.)

Einheit 1

Wir planen unseren Reli-Weg

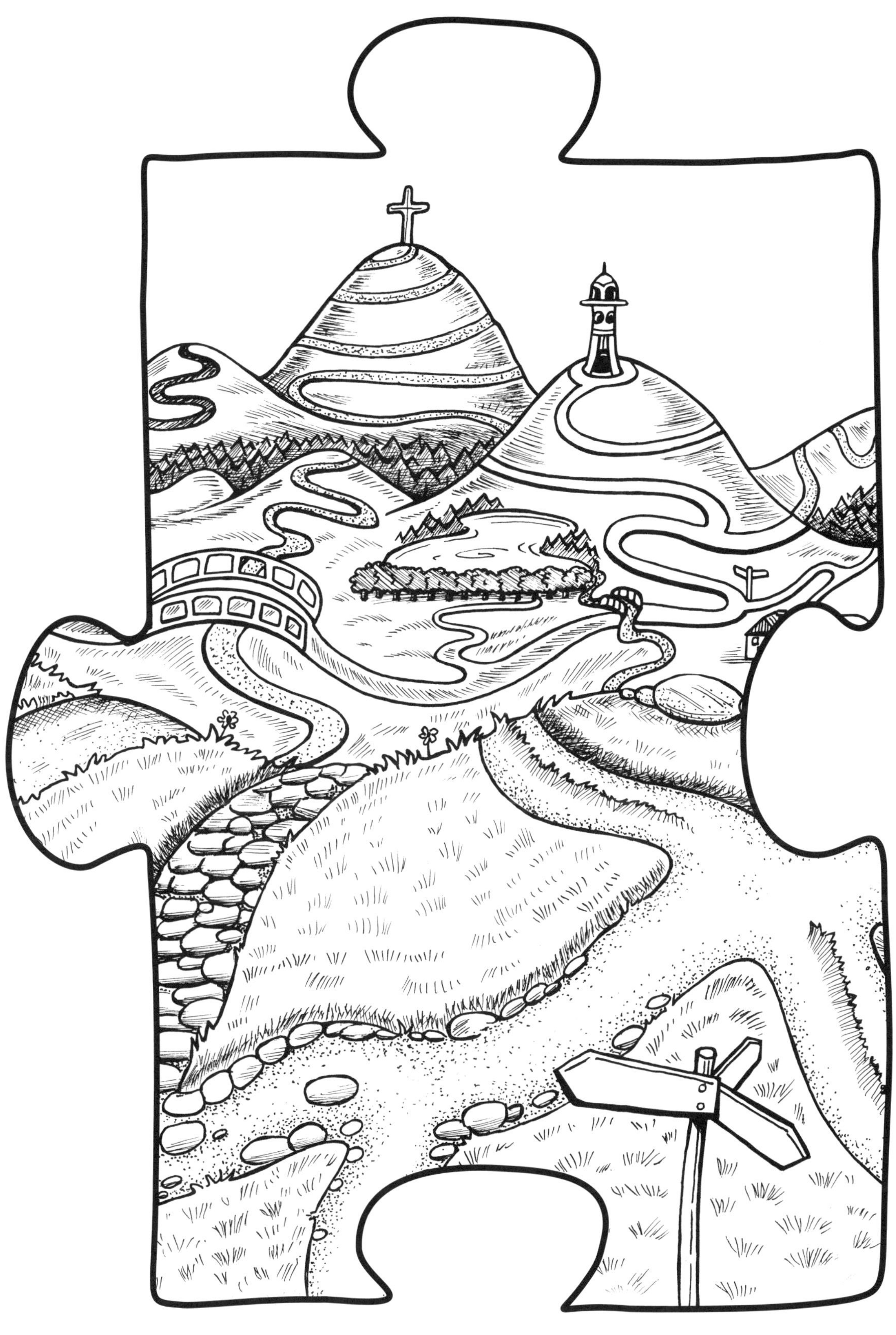

Für diese Einheit benötigen Sie

M1.1, M1.2, M1.3, M1.4, M1.5, M1.6, M1.7, D1.8, D1.9, M1.10, D1.11, M1.12
M1.13, M1.14, D1.15, M1.16, M1.17, D1.18, D1.19, D1.20, M1.21, G3.1
BM1, BM2, BM3, Elternbrief 3 und 7 BM4, Islam 2 und 8 BM5, Dialog 1
BM6, Deckblatt 1 sowie die Deckblätter der restlichen Einheiten,
Spruchband 1 Mose 28,15, Denk-Mal-Sätze 1–3

Schritt 1: **Wir sind Wege gegangen**

„Sitzkreis" ohne (!) Stühle! Auf den Boden wird aus Kreppband ein Himmelsrichtungen-Kreuz geklebt. Kleine Namenskärtchen für jedes Kind; je ein leeres Puzzleteil für jedes Kind (**M1.1**[1]; kopiert auf dickeres Papier / dünne Pappe[2]) und mindestens doppelt so viele Puzzleteile *Weg* (**M1.2**). *Spruchband 1 Mose 28,15*, Erzählung (**M1.3**). Lieder *Er hält die ganze Welt* (**M1.4**) und *Ich möcht, dass einer mit mir geht* **(M1.5).**

- ***Stehkreis*** um das Himmelsrichtungen-Kreuz herum. Die Kinder begrüßen einander reihum mit Handschlag und Namen. L: „Wie schön, dass wir uns wiedersehen. Lange hatten wir Sommerferien. Viel ist geschehen, viel haben wir erlebt ... Ich zum Beispiel ... (erzählt) Und ihr ...? Zeigt mal, wo ihr wart ..."
- ***Legespiel.*** L erklärt das Himmelsrichtungen-Kreuz und die Positionen „weit" und „nah"; die Kinder legen ihre Namenskarten ab. Stichproben: Die Kinder nennen ihre Urlaubsgegenden (Deutschland) und Länder (Ausland); L hilft ggfs., die Positionen zu korrigieren. Achtung: Es geht nicht um einen Wettbewerb („Wer war am weitesten weg?"), alle Urlaubsorte – auch „zu Hause" – sind gleichermaßen interessant.
- ***Gestaltung 1***. Die Kinder erhalten je ein leeres Puzzleteil. Aufgabe: „Male etwas von deinem Ferienort – Haus, Essen, Baum, Meer, Schwimmbad ..." – Die fertigen Puzzleteile (ausschneiden!) werden in das Koordinatenkreuz gelegt, dorthin, wo der Name des jeweiligen Kindes liegt.
- ***Sitzkreis*** um das unfertige Bild. Erzählrunde. Kinder erzählen von dem, was sie gemalt haben.
- ***Impuls / Wiederholung.*** L legt quer über das Bild das Spruchband. Die Kinder lesen es laut (mehrmals) und äußern sich dazu. ERWARTUNGSHORIZONT: Sie äußern ihre Vorstellungen von Gott, Gottes Begleitung. Wenn sie das Thema „Segen" nicht von sich aus nennen, bringt L es ein (evtl. mit **M1.3**).
- ***Gestaltung 2***. L zeigt die Weg-Puzzleteile. Kinder überlegen, was sie damit anfangen können. Gemeinsam werden die Bilderpuzzleteile durch Wegpuzzleteile (ausschneiden!) verbunden.
- ***Lied.*** Einüben: **M1.5**, Strophe 1.
- ***Gestaltung 3***. L: „Und Gottes Segen?" Hinweis auf das Materialangebot. Die Kinder beraten, wie sie Gottes Segen auf ihrem Wege-/Reisebild abbilden können. ERWARTUNGSHORIZONT: Spruchband; andere Bänder, Gebete, Überschrift ...
- ***Aufräumen***
- ***Abschluss.*** Gemeinsame Würdigung des Gesamtkunstwerks, Fotoaufnahmen. Lieder: **M1.4**; **M1.5**.

---

1 Kopieren und ausschneiden; für den, der es professioneller mag: Im Internet gibt es verschiedene Anbieter von Bastelbedarf, die vorgefertigte Puzzleteile (blanko, 6 Stück pro Packung) im Angebot haben („Puzzleteil" in Suchmaschine eingeben).

2 Bei großen Gruppen empfiehlt es sich, alle Puzzleteile beim Kopieren standardmäßig zu verkleinern.

Schritt 2: **Wir drehen uns im Kreis**

Ritual: Text **M1.6**, Lied *Ich möcht, dass einer mit mir geht* (**M1.5**), Orff-Instrumente. Einige der Puzzleteile aus der letzten Stunde (Ort und Weg), *Spruchband 1 Mose 28,15*; Meditation *Lebensweg* (**M1.7**), Puzzleteil aus dunklem Tonpapier (**M1.1**; entsprechend ausschneiden, ein Teil pro Kind); Wollreste, Klebstoff, Scheren; Symbole der Jahreszeiten (**D1.8**) und des Kirchenjahrs (**D1.9**). Lied *Ausgang und Eingang* (**M1.10**); Jahreszeitenuhr (–> **BM2**); *Denk-Mal-Sätze 1–3.*

- ***Beginn.*** In der Mitte des Kreises liegen die Puzzleteile vom letzten Mal. Einführung des Rituals „Wir sind schon einen Weg gegangen ..."
- ***Gespräch.*** Die Puzzleteile werden kommentiert (Wiederholung). Die Kinder erzählen zu dem Spruchband.
- ***An den Tischen.*** Pro Kind ein dunkles Puzzleteil; pro Gruppentisch Wolle, Scheren, Klebstoff. L lädt ein zu der Lebensweg-Meditation.
- ***Einzelarbeit.*** Die Kinder stellen ihren Lebensweg mit bunten Fäden auf dunklem Grund dar.
- ***Präsentationen.*** Am schönsten vor einer großen Pinnwand: Die Lebenslinien werden angepinnt. Wer will, kann dazu erzählen. L: „Was haben diese Lebenswege gemeinsam?" ERWARTUNGSHORIZONT: Sie verlaufen vom Anfang bis zu einem (vorläufigen) Ende, von links nach rechts. Es gibt kein Zurück. „Fortschritt". *Denk-Mal 1: „Lebenszeit ist wie ein Strahl; sie läuft von der Vergangenheit in die Zukunft."*
- ***Sitzkreis.*** L legt die Jahreszeitenelemente in die Mitte. Gespräch und Wiedererkennen[3] der Jahresuhr. Die Elemente werden geordnet. L verteilt Jahreszeitenelemente. Jedes Kind, das eines abbekommt, erzählt dazu oder gibt es weiter an ein Kind, das erzählen möchte. ERWARTUNGSHORIZONT: Erinnerungen an Weihnachten, Ostern, Erntedank ... Der Kreis wird (analog zur Jahresuhr) gelegt.
- ***Lied.*** **M1.10**. Lernen und als Kanon singen. L führt die Kinder einen Weg durch den Raum – zwischen Pinnwand und Jahresuhr.
- ***Stehkreis.*** „Was fällt euch auf?" ERWARTUNGSHORIZONT: Verschiedene Zeitvorstellungen – als Strahl, als Kreis. *Denk-Mal 2: „Die Zeit im Jahr und die Zeit der Feste läuft im Kreis."* Frage: „Und Gott?" *Denk-Mal 3: Wer an Gott glaubt, glaubt: „Ob wir gehen oder uns drehen – Gott ist da."*
- ***Aufräumen***
- ***Schlussritual***

---

3 Bezieht sich auf Gruppen, die schon mit ***Religion mit Kindern*** gearbeitet haben.

Schritt 3: **Wir gehen weiter**

Das Wandbild und die Mitte des Sitzkreises wie Schritt 2. Jahresuhr (**BM2**). Deckblätter der Einheiten (ausgedruckt und als Puzzleteile ausgeschnitten; je eines pro Tischgruppe), Moderationskarten, ***Frag-Mal*** (**BM3**), von den Bildkarten (**BM1**): LH, SK, GE, GS, FB und aus KF die Karten A und B. Die Karten werden auf einer „Theke" (Tisch, Pult) gut sichtbar und begehbar ausgelegt. Lied *Ausgang und Eingang* (**M1.10**). *Elternbrief 7* (**BM4**) Die ***Frag-Mal-Box*** wird im Vorfeld gebastelt (**D1.11**).

- ***Anfangsritual***
- ***Sitzkreis***. Wiederholung linienförmige und kreisförmige Zeit. L: „Wir wollen heute zusammen den Reli-Weg durch das neue Schuljahr planen." 1) Im Blick auf die Jahresuhr: Die Kinder zeigen die gegenwärtige Position. ERWARTUNGSHORIZONT: Vor uns liegen „Erntedank", „Advent", „Weihnachten", „Passion und Ostern", „Pfingsten" – so wie letztes Jahr, so wie immer. Das wird in Reli Thema sein. 2) Und wir? L (erinnert[4]): „Reli hat mit dem Leben zu tun, mit dem Leben jedes Einzelnen von uns: Glück, Angst, Kummer, Freude, Sorgen – alles kann vorkommen."
- ***Einzelarbeit.*** Die Kinder sichten die Bildkarten. Sie beschriften eigene Karten mit Themen, die sie gern in Reli behandeln möchten.
- ***Gruppenarbeit.*** Die Kinder erhalten pro Tischgruppen einen Satz Deckblätter. Sie besprechen gemeinsam, mit welchen (ihrer) Themen und Fragen sie verbunden werden können. Entsprechend legen sie ihre Karten zu den Deckblättern.
- ***Präsentationen.*** Die Gesamtgruppe geht von Gruppentisch zu Gruppentisch und lässt sich die jeweiligen Arrangements erklären. L fotografiert. „Ich werde mir merken, was ihr gern besprechen wollt. Der Weg durch Reli ist genauso eure Sache wie meine."
- ***Sitzkreis***. L zeigt den Weg durchs Schuljahr noch einmal anhand der Deckblätter UND der Jahresuhr. Verabredet werden sollten ein gemeinsamer Theaterbesuch (Weihnachtsmärchen) und der (individuelle) Besuch eines Gottesdienstes (Erntedank, Taufe, Weihnachten, Ostern; –> *Elternbrief* **BM4**).
- ***Lied.*** **M1.10** singen.
- L führt das ***Frag-Mal*** und die ***Frag-Mal-Box*** ein.
- ***Lied***. **M1.10** singen.
- ***Schlussritual***

---

4 Bezieht sich auf Gruppen, die schon mit ***Religion mit Kindern*** gearbeitet haben.

Schritt 4: **Gott geht mit**

Materialtheke: *Spruchband 1 Mose 28,15.* ***Frag-Mal*** (**BM3**). *Deckblatt der Einheit* für jedes Kind. Naturmaterialien (Holz, Nüsse, Samen, Steine), Knetmasse und Haushalts-„Müll" (leere Batterie, Knöpfe, Spiegel, Schachteln, Alu-Folie, Papprollen vom Toilettenpapier usw.). Wenn Andersgläubige bzw. Nicht-Religiöse in der Klasse sind –> *Islam 8* **BM5** und *Dialog 1* **BM6**. Bildkarten GO (**BM1**), Meditation Psalm 23 (**M1.12**), Lied *Du bist der Ich-bin-da* (**M1.13**)

- ***Anfangsritual***
- ***Sitzkreis.*** L legt das Spruchband und das ***Frag-Mal*** in die Mitte. ERWARTUNGSHORIZONT: Die Kinder formulieren Fragen nach der Sichtbarkeit und Erfahrbarkeit Gottes. L: „Viele von euch haben eigene Vorstellungen davon, wie Gott so ist. Diese Vorstellungen haben sich vielleicht schon ein paarmal geändert, seit ihr Reli habt. Und sie werden sich immer wieder ändern. Ihr wisst ja: Wir sind auf dem Weg. Heute möchte ich euch daher bitten, nur an heute zu denken": *„Heute ist Gott für mich wie ..."* (Alternativen für Muslime und Nicht-Religiöse: –> *Islam 8* **BM5** ***und*** *Dialog 1* **BM6**). „Bitte bedient euch an der Materialtheke und baut zu diesem Satzanfang etwas auf ..."
- ***An den Tischen.*** Die Kinder bauen, jedes für sich, ein Sinnbild des jeweiligen Gottesverständnisses. Wenn sie fertig sind, stellen sich die Kinder am selben Tisch untereinander ihre Installationen vor und tauschen sich aus. Achtung: Ohne Wertung! Es gibt kein Richtig oder Falsch, Besser oder Schlechter. L fotografiert – nur mit Einverständnis der Kinder.
- ***Aufräumen***
- ***Im Sitzkreis.*** Die Bildkarten gehen zunächst schweigend von Hand zu Hand. L: „Ihr habt eigene Bilder von Gott gestaltet. Auch in der Bibel gibt es welche. Vielleicht erinnert ihr euch – und die Karten haben euch Hinweise gegeben ..." ERWARTUNGSHORIZONT: Die Kinder nennen Gott als Vater, Schöpfer, König, Fels und Burg ...
- ***Meditation.*** L kündigt ein weiteres biblisches Bild an und spricht die Psalm-23-Meditation.
- ***Lied.*** **M1.13** lernen und singen.
- Die Kinder erhalten je ein *Deckblatt der Einheit* zur Ausgestaltung und für die Reli-Mappe.
- ***Schlussritual***

Biblisches Erzählen: Gott hat einen Namen

Die Kinder (sofern sie schon mit ***Religion mit Kindern*** unterrichtet wurden) werden gebeten, ihre Bibelbücher (Hefter mit Bibelblättern aus den Vorjahren) mitzubringen. – *Für die Mitte*: Bibel, *Brunnen* (**M1.14**), Bildkarten EL, ET, GE, GS, GO, LH, SK (**BM1**). Tücher in Rot, Gelb, Orange. Darauf eine EGLI-Figur „Mose" oder eine Pappfigur „Mose" (**D1.15**). Lied *Du bist der Ich-bin-da* (**M1.13**). Erzähllied *Lasst uns heute zu dem Brunnen gehen* (**M1.16**). Erzählvorlage **M1.17**. ***Frag-Mal*** (**BM3**). Moderationskarten in drei Farben und Stifte. Puzzleteile **D1.18** und **D1.19** ***sowie*** **D1.20.** Bibelblatt *Mose* (**M1.21**) und Grundtext **G3.1** für alle Kinder; ggfs. *Elternbrief 3* (**BM4**) und *Islam 2* (**BM5**).

- ***Stehkreis***. Einüben des neuen Erzählliedes **M1.16**; es wird als Anfangsritual der Bibelerzählstunden im Gehen gesungen (im Uhrzeigersinn hinten um die Stühle des Sitzkreises herum); beim Refrain: Stehen bleiben, rhythmisch klatschen. Dann setzen sich die Kinder.
- ***Einstimmen aufs Bibelerzählen***. L und Kinder erarbeiten das Symbol „Brunnen" (**M1.14**).
- ***Einstimmen auf Mose***. L weist auf die Mose-Figur in der Mitte. Die Kinder blättern in ihren Bibelbüchern nach „Mose" (alternativ: in Kinderbibeln); ERINNERUNG: Mose war das Kind im Körbchen ... Das war in Ägypten; der Pharao wollte alle Kinder der Israeliten töten! / Mose war der Mann mit dem Stab: Er führte sein Volk durch die Wüste.
- ***Die Bibel öffnen***. L kündigt neue Mose-Geschichte an. Die große Bibel wird aufgeschlagen. Erzählung mit **M1.17**.
- ***Stille Zeit.*** Die Kinder schreiben auf Moderationskarten: 1) was sie selbst an der Geschichte wundert, 2) was ihnen gefällt, 3) was sie sich fragen. Die Karten werden in der Mitte abgelegt.
- ***Gespräch.*** Die Karten 1 und 2 werden reihum gelesen und zur Kenntnis genommen (ggfs. Verständnisfragen).
- ***Fragerunde und Theologisieren***. Das ***Frag-Mal*** geht von Hand zu Hand. Kinder nennen ihre Fragen von den Karten 3). Eine der Fragen wird aufgegriffen und im *Theologischen Gespräch* thematisiert.
- L legt die Puzzleteile **D1.18** und **D1.19** vor und hinter die Karten. In die Mitte das dritte Puzzleteil (**D1.20**). Brainstorming zu Gestaltungsmöglichkeiten. Die Kinder erhalten je ein Bibelblatt und einen Grundtext. ***Hausaufgabe:*** Gestaltung der Initiale und eigene Gestaltung des freien Raums.
- ***Abschlussritual.*** Die Bibel wird geschlossen. Lied: **M1.13**.

Einheit 2

Wir suchen Wegweiser

Für diese Einheit benötigen Sie

M2.1, M2.2, M2.3, D2.4, M2.5, M2.6, M2.7, M2.8, M2.9, M2.10, M2.11, M2.12, D2.13, M2.14, D2.15, M2.16, G3.2
M1.1, M1.2, M1.13, M1.14, M1.16
BM1, BM3, Elternbrief 8 BM4, Deckblatt 2, Spruchband Joh 11,25, Denk-Mal-Sätze 4 und 5

Schritt 1: **Wir schauen uns um**

Geplant wird ein kurzer Ausflug im nahen Umfeld der Schule (*Elternbrief 8* –> **BM4**). Es gilt, Verkehrsschilder und Wegweiser zu entdecken. *Aufgabe für jedes Kind:* Sich still so viele wie möglich merken. Je nach Umfeld der Schule und Harmonie in der Gruppe gehen die Kinder zu viert oder als Gesamtgruppe mit L eine vorausgeplante Strecke. Der Ausflug soll nicht länger als ca. 20 Minuten dauern.

Zurück in der Klasse: Puzzleteile *Weg* (**M1.2**), leere Puzzleteile (**M1.1**). *Spruchband Joh 11,25*; Lied *Eines Tages kam einer* (**M2.1**)

- ***Anfangsritual*** (nach dem Ausflug)
- ***Freies Gestalten.*** Die Kinder malen auf leere Puzzleteile Wegweiser und Verkehrsschilder, die sie gefunden haben. Anschließend werden die Teile mit Weg-Puzzleteilen zu einem Bodenbild verbunden.
- ***Gespräch.*** Was haben wir gefunden? Was bedeuten die Zeichen, wozu dienen sie? L legt das Spruchband quer über das Puzzle. ERWARTUNGSHORIZONT: Die Kinder nennen Beispiele, was der „Weg Jesu“ ist: helfen, Gutes tun, freundlich sein, Gott suchen ... Sie erzählen Jesus-Geschichten, z. B. Zachäus, Bartimäus, Kindersegnung.
- ***Lied***. **M2.1** singen.

Schritt 2: **Wir sehen auf**

Wüsten-Spiel (**M2.2**), Meditation *In der Wüste* (**M2.3**); ***Frag-Mal***; die Wüstenwanderung als Bild (**D2.4**): ausdrucken und zerschneiden (je ein Satz Teile für je zwei Kinder); pro Kind eine Pappe in DIN A4. Materialtheke mit Wollresten, Transparentpapier, Bastelfilz, Konfetti (Sterne, Herzen ...), Pappe, Klebstoff, Scheren. Bastelanleitung **M2.5**; Lied *Wir haben Gottes Spuren festgestellt* (**M2.6**).

- ***Wüstenspiel*** mit Nachgespräch: Was ist Wüste? Wie findest du dich in der Wüste zurecht?
- ***Anfangsritual*** (nach dem Spiel)
- ***Im Sitzkreis***. Wüstenmeditation (**M2.3**); Gespräch über Wegweisung in der Wüste. ERWARTUNGSHORIZONT: Die Kinder übertragen das Symbol „Wüste" auf schwierige Lebenssituationen bzw. die Symbole „Wolkensäule" und „Feuersäule" auf das, was dann Orientierung gibt.
- ***An den Tischen.*** Je zwei Nachbarn erhalten einen Satz des zerschnittenen Bildes und eine Unterlage in DIN A4. Sie legen das Bild der Wüstenwanderung. Sprechen ist dabei erwünscht.
- ***Austausch***. L: „Was habt ihr beim Puzzlen neu entdeckt?" L fokussiert auf den „Wegweiser" Mose. Bemerken die Kinder das Fehlen von Wolken- und Lichtsäule?
- ***Aufgabe***. L: „Diese Wolken- und diese Lichtsäule hat unsere Künstlerin nicht mit aufs Bild bekommen. Warum?" ERWARTUNGSHORIZONT: Was mit Gott zu tun hat, lässt sich nicht wirklich fassen oder festhalten. – L weist auf die Materialtheke hin: „Wir wollen es trotzdem versuchen. Und das geht so: ..." (mit Bastelanleitung **M2.5**).
- ***Gestaltungen und Präsentationen***. Die Kinder gestalten in den Zweierteams je eine Wolken- und eine Feuersäule, zur Ablösung der Mosegestalt. Die Klasse geht von Tisch zu Tisch und besichtigt die Gestaltungen. Jeweils eines der Kinder führt den Austausch der Säulen vor und spricht dazu: „Und Gott führte das Volk – tagsüber in Gestalt einer Wolke, des Nachts aber in Gestalt eines Feuers. So ging das Volk nicht verloren."
- ***Aufräumen***
- ***Methodengespräch***. Die Kinder überlegen gemeinsam: Warum haben wir das gemacht? Was hat es gebracht? Warum haben wir es *so* gemacht?
- ***Lied.*** **M2.6** lernen und singen.
- ***Schlussritual***

Schritt 3: **Wir suchen**

Die Kinder (zwei Gruppen) planen und führen in der Stunde durch: eine Schnitzeljagd, zum Beispiel auf dem Schulhof. Das heißt: L plant vorab, welches Terrain angeboten sein soll und welche Regeln es gibt. Diese Regeln stehen zu Beginn der Reli-Stunde an der Tafel. Die Zehn Gebote (**M2.7**; zwei Kopien, zerschnitten), Einführung Zehn Gebote sowie die Anleitung für die Schnitzeljagd (**M2.8**), Theke mit Materialien zur Schnitzeljagd: Papier, Stöcke, Straßenkreide, Kordel, Wolle, Geschenkband. Aufgabenblatt *Die Gebote und ihr Sinn* (**M2.9**) für jedes Kind. Lied *Wir haben Gottes Spuren festgestellt* (**M2.6**), *Spruchband Joh 11,25.*

- ***Anfangsritual***
- ***Im Sitzkreis. Gespräch über:*** Wüste – Wegweisung (Wiederholung); Neuanfang – Wegweisung (gemäß **M2.8**). L verteilte die zweimal Zehn Gebote. L: „Stellt euch vor: Auf dem Weg durch die Wüste findet ihr Wegweisung für das Leben danach …"
- ***Zwei Gruppen „Vorbereitung"***. Die Kinder besprechen, wie sie ihre Gebote verstecken und welche Wegweisung sie geben werden. Sie gehen nach draußen und bereiten ihre Schnitzeljagd vor.
- ***Zwei Gruppen „Suche"***. Die Kinder folgen jeweils der Wegweisung der anderen Gruppe. Sie finden die Gebote.
- ***Im Anschluss an die Schnitzeljagd:*** Gemeinsames Beseitigen der Spuren.
- ***Im Sitzkreis.*** Wenn alle wieder im Klassenraum sind: Lied **M2.6** singen.
- ***Gespräch***. Zunächst mit der Gruppe, die zuerst fertig war: Woran liegt es? Gute Sucher? Gute Wegweisung? Feedback über Verstecken, Suchen und Finden. Spruchband als zusätzlicher Impuls.
- ***Hausaufgabe*** (mit **M2.9**): „Wie soll der Neuanfang nach der Wüstenwanderung aussehen? Lies es von deinem Gebot ab."
- ***Schlussritual***

Schritt 4: **Wir finden**

Die Hausaufgaben der Kinder (mit **M2.9**); Lieder *Du bist der Ich-bin-da* (**M1.13)**, *Wir haben Gottes Spuren festgestellt* (**M2.6)** und neu *Vertraut den neuen Wegen* (**M2.10)**; die Zehn Gebote (**M2.7**) für jedes Kind. Arbeitsblatt **M2.11, *Frag-Mal***. *Spruchband Joh 11,25. Denk-Mal-Satz 4.*

- ***Anfangsritual***
- ***Sitzkreis***. Die Kinder lesen die Gebote vor – mehrmals, spontan. L erinnert an Mose und die Wüstenwanderung. Besprechung der Aufgabe für die Stunde mit Arbeitsblatt **M2.11**.
- ***Gruppenarbeit***. Die Kinder arbeiten entweder in den gleichen Gruppen wie Schritt 3 (bei kleinen Gesamtgruppen) oder in entsprechend kleineren Gruppen. Sie stellen sich vor, mit „ihrem“ Volk das „gelobte Land“ zu erreichen, und entwickeln mithilfe der Gebote Regeln des Zusammenlebens. Sie schreiben eine „Verfassung“.
- ***Präsentationen***. Die Verfassungen werden von einem „Rednerpult“ aus laut erklärt und verabschiedet. Zwischen den einzelnen Präsentationen wird gesungen: **M1.13**, **M2.6**, **M2.10**.
- ***Sitzkreis.*** Gespräch über die Zehn Gebote: Was haben die „Regeln zum Leben“ mit Gott zu tun? ERWARTUNGSHORIZONT: Gott ist Grund, Kraft und Sinn des Lebens; die Regeln sorgen dafür, dass Menschen so leben, wie es Gottes Absicht entspricht. Zusätzlicher Impuls: Spruchband. *Denk-Mal 4: „Wer an Gott glaubt, glaubt: Gott will, dass die Menschen achtsam leben und sich vertragen.“*
- ***Lied* M2.6** singen.
- ***Abschlussritual***

Schritt 5: **Wir haben die Wahl**

Farbausdruck des Bildes (**D2.4**). *Spruchband Joh 11,25*, ***Frag-Mal***. Spielanleitung Samariter (**M2.12**). Die Samariter-Karten (**D2.13**): ausgedruckt und zerschnitten, *Deckblatt* der Einheit für jedes Kind, Lied *Eines Tages kam einer* (**M2.1**), *Denk-Mal-Satz 5* und weitere zwölf Denk-Mal-Pappstreifen, auf denen vorgeschrieben ist: „wenn ..." und „dann ...".

- ***Anfangsritual***
- ***Sitzkreis.*** In der Mitte liegen das Bild und das Spruchband als stummer Impuls. ERWARTUNGSHORIZONT: Die Kinder erzählen von der Wüstenwanderung, den Geboten, dem Willen Gottes (Wiederholung).
- L legt das ***Frag-Mal*** dazu. Lenkt auf die Frage: Was hat Jesus damit zu tun? ERWARTUNGSHORIZONT: Die Kinder erzählen von Jesus als „Sohn", „Verwandter", „Vertrauter" Gottes. *Denk-Mal 5: „Christen glauben: Jesus lebt so, wie Gott will. Er bringt es uns bei."*
- ***Samariter-Spiel***. L leitet das Samariter-Spiel an; die Kinder machen spontan mit.
- ***Gruppenarbeit.*** Jede Gruppe erhält den halben Satz Samariter-Karten und sechs Denk-Mal-Pappstreifen. Aufgabe: Die Karten zu Paaren zusammenlegen, dazu erzählen, daraus Regeln ableiten. Die Regeln werden auf „wenn ..., dann ..."-Denk-Mal-Streifen geschrieben.
- ***Auswertung.*** Die Gruppen präsentieren ihre *Denk-Mal-Sätze* und erläutern sie. Die Ergebnisse werden zu den übrigen *Denk-Mal-Sätzen* geheftet.
- ***Lied.*** **M2.1** singen.
- ***Sitzkreis.*** Was hat Jesus mit unseren Regeln zu tun? ERWARTUNGSHORIZONT: Die Kinder entdecken: Alles, was unsere Regeln sagen, ist so ähnlich wie die Geschichte vom Barmherzigen Samariter, die Jesus erzählt hat. Wenn wir so handeln, sind wir auf „Jesu Weg" (vgl. Spruchband).
- L verteilt die Deckblätter. Die Kinder entdecken, dass das Deckblatt und das Bild einander ähneln, und beschreiben den Zusammenhang.
- ***Schlussritual***

Biblisches Erzählen: Adam und Eva verlassen das Paradies

Die Kinder (sofern sie schon mit ***Religion mit Kindern*** unterrichtet wurden) werden gebeten, ihre Bibelbücher (Hefter mit Bibelblättern aus den Vorjahren) mitzubringen.
Für die Mitte: Bibel, *Brunnen* (**M1.14**), Bildkarten EL, ET, GE, GS, GO, LH, SK (**BM1**). Tücher in Weiß, Schwarz, Blau, Grün. Auf dem Weiß: zwei Holzkegel. Bibelblatt *Jesus* (**M2.14**), Grundtext **G3.2**, Lied *Eines Tages kam einer* (**M2.1**).
Puzzleteil **D2.15**[5]. Erzählvorlage **M2.16**. ***Frag-Mal***. Moderationskarten in drei Farben und Stifte. Lieder *Du bist der Ich-bin-da* (**M1.13**) und *Lass uns heute zu dem Brunnen gehen* (**M1.16**) – für den rituellen Rahmen.

- ***Vorab.*** Die Kinder erhalten Bibelblatt **M2.14** sowie den dazu gehörigen Grundtext für ihre Bibelbücher. Knappe Wiederholung, evtl. mit Lied **M2.1**. ***Hausaufgabe:*** Gestaltung der Initiale und eigene Gestaltung des freien Raums.
- ***Anfangsritual*** der Bibelerzählstunden mit Lied **M1.16.**
- L: Die heutige Bibelerzählung braucht kein neues Bibelblatt. Ihr habt ein altes ... Aufschlagen im Bibelbuch und Auslegen des Puzzleteils **D2.15**.
- L und Kinder erzählen gemeinsam von Gottes Garten. Von Gott dem Töpfer. Und von dem einen Baum im Garten, von dem Gott gesagt hat: „Der ist nicht gut für dich. Glaub mir!" (Wenn keines der Kinder die Geschichte kennt –> Einstieg in die Erzählung mit der *Einleitung* von **M2.16**.)
- ***Die Bibel öffnen***. Erzählung **M2.16.**
- ***Stille Zeit.*** Die Kinder schreiben auf Moderationskarten: 1) was sie selbst an der Geschichte wundert, 2) was ihnen gefällt, 3) was sie sich fragen. Die Karten werden in der Mitte abgelegt.
- ***Gespräch.*** Die Karten 1 und 2 werden reihum gelesen und zur Kenntnis genommen (ggfs. Verständnisfragen).
- ***Fragerunde und Theologisieren***. Das ***Frag-Mal*** geht von Hand zu Hand. Kinder nennen ihre Fragen von den Karten 3). Eine der Fragen wird aufgegriffen und im *Theologischen Gespräch* thematisiert.
- ***Schlussritual*** der Bibelerzählstunden mit Lied **M1.13.**

5 Motiv aus ***Religion mit Kindern 2***, **M2.23**.

Einheit 3

Wir haben Kraft!

Schritt 1: **Wir trauen uns was!**

> ***Für diese Einheit benötigen Sie***
> D3.1, M3.2, D3.3, D3.4, D3.5, D3.6, D3.7, D3.8, D3.9, D3.10, D3.11, M3.12, D3.13, D3.14, D3.15, M3.16, M3.17, M3.18, D3.19, D3.20, D3.21, M3.22, M3.23, M3.24, G3.3
> M1.1, M1.5, M1.13, M1.14, M1.16, M2.6
> BM1, BM3, Deckblatt 3, Spruchband Ps 121,1 und Ps 121,2, Denk-Mal-Satz 6

Bild Brenzlige Situationen (**D3.1**) für die Mitte, Wortbilder Mut (**M3.2**), Pro Kind eine Karte mit dem Wort „Angst“, die beiden *Spruchbänder nach Ps 121,1 und Ps 121,2*, ***Frag-Mal***, *Denk-Mal-Satz 6*

- ***Anfangsritual***
- ***Sitzkreis.*** Bild. Ein Kind erzählt eine Szene. Nachbar / Nachbarin sucht und zeigt die Szene auf dem Bild. Dann erzählt es seinerseits ... L: „Welche Überschrift geben wir dem Bild?“
- ***Gruppenarbeit.*** Gruppen bauen je eine „lebende Skulptur“ zum Thema „Mut“.
- ***Präsentationen und Austausch***. Frage ans „Publikum“: Was seht ihr? Was kann das bedeuten? Wie wirkt das? Frage an die Gestaltenden: Was habt ihr euch dabei gedacht? Wie seid ihr darauf gekommen?
- ***Einzelarbeit.*** Jedes Kind erhält ein Blatt mit Wortbildern Mut (**M3.2**) und eine Karte „Angst“. Austausch über die Wortbilder. Welche Aufgabe steckt in der Wortkarte? Jedes Kind gestaltet ein Wortbild zum Begriff „Angst“.
- ***Präsentation.*** Die Wortbilder werden auf der Theke ausgelegt. Zeit zur stillen Begehung.
- ***Sitzkreis.*** 1) *Methodengespräch.* L: „Warum haben wir das gemacht? Was haben wir herausgefunden? Warum haben wir das ***so*** gemacht?“ 2) Neue Gesprächsrunde: Wenn ich Angst habe, ... Die Kinder vervollständigen den Satz (reihum; wer nichts sagen will, sagt „weiter“).
- L legt das Spruchband Ps 121,1 in die Mitte. Die Kinder lesen es laut (im Chor, dann im Wechsel). Die Kinder formulieren Antworten auf die Frage: „Woher kommt mir Hilfe?“ ERWARTUNGSHORIZONT: Eltern, Großeltern, Freunde ...
- ***Vertrauensspiel.*** Die Kinder bilden einen engen, festen Kreis. Ein Kind steht in der Mitte und lässt sich fallen. Es erfährt: Es wird gehalten. Alternativ: Die Kinder probieren das Fallenlassen in Partnergruppen. (Ob das funktioniert, hängt von der Stimmung in der Klasse ab, von ihrem Zusammenhalt und ob sie sich ernsthaft darauf einlassen können!)
- ***Sitzkreis.*** L legt Spruchband Ps 121,2 zum anderen Spruchband. Legt das ***Frag-Mal*** daneben. Jedes Kind erhält eine Frage-Karte. Wer seine Karte ausgefüllt hat, legt sie in die Mitte. Sichtung der Fragen. *Theologisches Gespräch* zu einer der Fragen. Zum Beispiel über die Art und Weise, wie Gott hilft bzw. wie Gottes Hilfe erfahren werden kann. *Denk-Mal 6: Wer an Gott glaubt, glaubt: „Gott kann helfen und retten.“*
- ***Schlussritual***

Schritt 2: **Was eine Maus sich traut**

Im Vorfeld haben L und die Gruppe den Film Grüffelo angeschaut (25 Minuten Spieldauer; eignet sich für Klassenfest wie Elternnachmittag mit Kindern; die DVD kann auch reihum durch die Familien wandern), andernfalls kennen sie die Geschichte aus dem Bilderbuch.

Für den Unterricht: Screenshots **D3.3** bis **D3.11**. Arbeitsblatt **M3.12**, ***Frag-Mal***, *Spruchband Ps 121,1.* Lied *Ich möcht, dass einer mit mir geht* (**M1.5**).

Wer die Gelegenheit hat, zeigt im Unterricht zusätzlich die Szenenfolge 1: *Die Maus begegnet ihren Fressfeinden* der DVD educativ oder der Zusatz-DVD von Matthias Film.

- ***Anfangsritual***
- ***Sitzkreis***. **D3.3** als stummer Impuls. Die Kinder erzählen vom Grüffelo. Nach einem ersten Austausch strukturiert L die Beiträge durch das Vorgeben von Satzanfängen: „Ich fand gut ...", „Ich bin erschrocken ...", „Ich habe mich gewundert ..." L verteilt die Bilder **D3.4** bis **D3.11** an jedes zweite / dritte Kind (je nach Gruppengröße) sowie Arbeitsblatt **M3.12**.
- ***Partner-/Kleingruppenarbeit.*** Jede Gruppe beschäftigt sich mit einem Bild gemäß den Aufgaben auf dem Arbeitsblatt.
- ***Dreiviertel-Sitzkreis.*** Präsentation der ersten drei Bilder: Die Dialoge werden gelesen. Die drei Kinder, die die Maus darstellen, stellen sich nebeneinander auf; der / die Partner äußern die Gedanken der Maus (doppeln). Fragerunde mit ***Frag-Mal***: Wer will, nimmt das ***Frag-Mal*** und stellt einer der „Mäuse" eine Frage. Der / die Partner antworten.
- ***Weitere Präsentationen.*** Dasselbe Verfahren für die nächsten drei Bilder. Und anschließend für die letzten zwei.
- ***Ergebnissicherung***. Wie geht die Maus mit ihrer Angst um? ERWARTUNGSHORIZONT: Sie erfindet einen starken Helfer; erst unsicher, dann immer selbstbewusster; sie macht ihn sich zunutze („Alle Tiere im Wald haben Angst vor mir!"); sie emanzipiert sich („Grüffelogrütze"). L legt **D3.9** und das Spruchband in die Mitte. Gespräch: Wie stark ist diese „Hilfe"?
- ***Lied***. **M1.5**, Strophe 1 und 2 singen.
- ***Schlussritual***

Schritt 3: **Angst**

Puzzleteile **D3.13, D3.14, D3.15** (ausdrucken und auf dickeres Papier kopieren); ein leeres Puzzleteil (**M1.1**) für jedes Kind, Bibel, Arbeitsblätter **M3.16, M3.17, M3.18**, Lieder *Ich möcht, dass einer mit mir geht* (**M1.5**) und *Du bist der Ich-bin-da* (**M1.13**)

- ***Anfangsritual***
- ***Sitzkreis***. Die Puzzleteile **D3.13–D3.15** liegen in der Mitte. Die Kinder lesen laut (im Chor, im Wechsel, im Kanon). Blitzlichtrunde: Die Kinder äußern einen ersten Eindruck. ERWARTUNGSHORIZONT: Da rufen Menschen in großer Not. L verteilt die leeren Puzzleteile.
- ***Aufgabe***. Jedes Kind entscheidet sich für einen der Sprüche; es geht still an seinen Platz und gestaltet dazu sein Puzzleteil (mit Farben, Formen, Buchstaben, Worten).
- Während der Stillarbeit kann leise meditative Musik laufen.
- ***Präsentationen***. Die Kinder legen ihre Puzzleteile an den jeweiligen Psalmvers an. Die Gruppe betrachtet nacheinander die drei Gesamtbilder. Die jeweiligen Künstler können sich zu ihren Gestaltungen äußern (müssen das aber nicht). Jede Begehung endet mit einer Blitzlichtrunde.
- ***Lied***. **M1.5**, Strophe 1 singen.
- ***Sitzkreis***. L erzählt, wo er die Verse gefunden hat: legt die Bibel in die Mitte. L: „In der Mitte der Bibel sind Gebete, Psalmen. Menschen erzählen Gott, wie es ihnen geht. Sie loben ihn, sie danken. Sie klagen. In den Psalmen habe ich unsere drei Klagen gefunden. Aber das ist nicht alles ..."
- L gibt jedem Kind entsprechend dem Psalmvers, den es bearbeitet hat, das passende Arbeitsblatt. Besprechung, was zu tun ist (*Hausaufgabe*).
- ***Lied***. **M1.5**, Strophe 2 und **M1.13** singen.

Schritt 4: **Vertrauen**

Puzzleteile **D3.13, D3.14, D3.15** und die Puzzleteile der Kinder aus Schritt 3 werden wieder ausgelegt.
Ein leeres Puzzleteil (**M1.1**) für je vier Kinder, Puzzleteile **D3.19**, **D3.20**, **D3.21** (einmal ausdrucken und ausschneiden), *Spruchband Ps 121,1 und Ps 121,2.* Lieder *Du bist der Ich-bin-da* (**M1.13**) und *Wir haben Gottes Spuren festgestellt* (**M2.6**)

- ***Anfangsritual***
- ***Sitzkreis.*** Gespräch über das Bodenbild: 1) Wiederholung, 2) Anknüpfung an die Arbeitsblätter **M3.16–M3.18** (Hausaufgabe; zunächst ohne die schriftlichen Ergebnisse!) ERWARTUNGSHORIZONT: Die Kinder erzählen, dass in den Gebeten (Psalmen) eine Geschichte erzählt wird: Ein Mensch ist in Gott – bittet Gott um Hilfe – wird gerettet.
- ***An den Tischen***. Einige Kinder tragen ihre Hausaufgabe vor (der Reihe nach zu jedem der drei Psalmen). Kinder, die denselben Psalm bearbeitet haben, setzen sich zu Vierergruppen zusammen. Sie erhalten ein leeres Puzzleteil und die Aufgabe, dieses als Rettungsbild zu gestalten, passend zu der anfänglichen Not.
- ***Präsentationen***. Die Gruppen legen ihre Puzzleteile an den jeweiligen Psalmvers (**D3.19–D3.21**) an. Die Gesamtgruppe betrachtet nacheinander die drei Psalmbilder. Die jeweiligen Künstler können sich zu ihren Gestaltungen äußern (müssen das aber nicht). Jede Begehung endet mit einer Blitzlichtrunde.
- ***Lied***. **M1.13** singen.
- ***Sitzkreis***. L legt die Spruchbänder in die Mitte. Auf den stummen Impuls folgt ein spontanes Gespräch. ERWARTUNGSHORIZONT: Die Spruchbänder passen zu den Psalm-Geschichten. Es wird erzählt: Gott hat geholfen. L legt das ***Frag-Mal*** und Fragekarten dazu. Die Kinder notieren Fragen und legen sie ab. Alle Fragen werden gelesen und gewürdigt. Daraus folgt ein *Theologisches Gespräch* zu einer der (oder mehrerer sinngemäß ähnlicher) Fragen (z. B. „Hilft Gott heute auch?“).
- ***Lied***. **M2.6** singen.
- ***Schlussritual***

Biblisches Erzählen: Der Riese verliert seinen Schrecken

Für die Mitte: Bibel, *Brunnen* (**M1.14**), Bildkarten EL, ET, GE, GS, GO, LH, SK (**BM1**). Tücher in Schwarz und Weiß. Darauf zwei Figuren: gepanzerter Krieger und weißes Lamm (Playmobil); Erzähllied *Lass uns heute zu dem Brunnen gehen* (**M1.16**). Psalm 23 (**M3.22**), Bibel und verschiedene Kinderbibeln. Erzählvorlage **M3.23**. ***Frag-Mal***. Moderationskarten in drei Farben und Stifte. Bibelblatt *David* (**M3.24**) und Grundtext **G3.3** für alle Kinder. Lied *Du bist der Ich-bin-da* (**M1.13**). *Denk-Mal-Satz 6*

- Anfangsritual (für Bibel-Erzähl-Stunden)
- ***Einstimmen auf David.*** L. verteilt Psalm 23 (**M3.22**); die Gruppe spricht den Psalm gemeinsam. Erinnerung an David (Zeichen: das weiße Lamm in der Mitte). Überleitung zur Erzählung: „Und wer ist der Krieger?"
- ***Die Bibel öffnen.*** Die große Bibel wird aufgeschlagen. Erzählung mit **M3.23**.
- ***Stille Zeit.*** Die Kinder schreiben auf Moderationskarten: 1) was sie selbst an der Geschichte wundert, 2) was ihnen gefällt, 3) was sie sich fragen. Die Karten werden in der Mitte abgelegt.
- ***Gespräch.*** Die Karten 1 und 2 werden reihum gelesen und zur Kenntnis genommen (ggfs. Verständnisfragen klären).
- ***Fragerunde und Theologisieren.*** Das ***Frag-Mal*** geht von Hand zu Hand. Kinder nennen ihre Fragen von den Karten 3). Eine der Fragen wird aufgegriffen und im *Theologischen Gespräch* thematisiert.
- L weist auf die Kinderbibelgestaltungen hin. Frage: Was haben sie gemeinsam? ERWARTUNGSHORIZONT: Das ungleiche Größenverhältnis wird betont, ebenso der Unterschied in der Ausrüstung. Botschaft: Der Kampf geht anders aus, als es zu erwarten ist. Die Geschichte erzählt: David verlässt sich auf Gott. *Denk-Mal 6: Wer an Gott glaubt, glaubt: „Gott kann helfen und retten."*
- Die Kinder erhalten je ein Bibelblatt und einen Grundtext. Brainstorming zu Gestaltungsmöglichkeiten. ***Hausaufgabe***: Gestaltung der Initiale und eigene Gestaltung des freien Raums.
- ***Abschlussritual*** (der Bibel-Erzähl-Stunden)

Einheit 4

Hinterm Horizont geht's weiter

Schritt 1: **Die Maus spazierte im Wald umher**

Für diese Einheit benötigen Sie
D4.1, D4.2, D4.3, D4.4, D4.5, D4.6, D4.7, D4.8, M4.9, M4.10, M4.11, M4.12, M4.13, D4.14, D4.15, D4.16, M4.17, M4.18, G3.4
M1.1, M1.2, M1.13, M1.14, D1.15, M1.16, D1.18, D1.19, D1.20, M1.21, M2.6, M2.10, D2.15
BM1, BM3, Elternbrief 8 BM4, Islam 9 BM5, Dialog 2 und 3 BM6, Deckblatt 4, Spruchbänder Mt 6,25–33 (1) und (2), Röm 8,24, Denk-Mal-Sätze 7 und 8

In dieser Einheit empfiehlt sich eine Extra-Stunde zur Verständigung zwischen religiös und nicht-religiös erzogenen Kindern; mehr dazu im Basismaterial *Dialog 2* **BM6**.
Screenshots **D4.1** bis **D4.8** (farbig ausgedruckt, auf dickeres Papier, einmal), **D4.5** bis **D4.8** als Legebild (großer, farbiger Ausdruck, zerschnitten; ein Satz pro Tischgruppe), ***Frag-Mal.*** Schmuckblatt **M4.9**.
Wer die Gelegenheit hat, zeigt im Unterricht zusätzlich die Szenenfolge 3: *Die Maus und ihr Paradies* der DVD educativ oder der Zusatz-DVD von Matthias Film.

- ***Anfangsritual***
- ***An den Tischen***. Die Kinder erhalten pro Tisch-(Vierer-)Gruppe einen Satz Bildteile. Sie puzzeln das Bild zusammen. Gespräche in den Arbeitsgruppen sind erwünscht.
- ***Begehung***. Wenn die Bilder gelegt sind, besuchen sich die Gruppen gegenseitig und sichten die Ergebnisse.
- ***Sitzkreis.*** L verteilt die Bilder **D4.1** bis **D4.8** in der Mitte. Die Kinder entdecken das jeweils von ihnen gelegte Bild wieder. Sie erzählen von der Maus und dem Nussbaum. Sie bringen die Bilder in eine mögliche Reihenfolge und entdecken die Symbolik des Nussbaum-Hügels. ERWARTUNGSHORIZONT: „Da will sie hin", „Das stellt sie sich traumhaft vor", „Nüsse im Überfluss".
- L platziert das ***Frag-Mal*** neben den Bildern. Möglicherweise stellen die Kinder die Frage, ob Mäuse überhaupt Nüsse fressen. Eine spannende Frage! L und die Kinder suchen gemeinsam die Antwort. ERWARTUNGSHORIZONT: Nein, eigentlich nicht. Aber: Es ist ja die Eichhörnchenmutter, die die Geschichte erzählt – und die erzählt aus Eichhörnchenperspektive; da sind Nüsse in Fülle das Höchste der Gefühle – Paradies.
- ***An den Tischen***. Die Kinder erhalten je ein Schmuckblatt und die Einladung, aus ihrer Perspektive das „Höchste der Gefühle", das Paradies, zu gestalten – mit Worten, Farben oder in Bildern. Sie können sich an den Tischen austauschen oder ihr Bild ganz für sich behalten (Reli-Mappe); das Angebot funktioniert auch als Hausaufgabe.
- ***Schlussritual***

Schritt 2: **Sorget nicht**

L überlegt sich im Vorfeld einen schönen Platz außerhalb der Schule, zu dem er die Kinder in der Stunde führen kann (Kurzexkursion; *Elternbrief 8* –> **BM4**); alternativ bringt L Fotos eines Lieblingsortes mit in den Unterricht (ausgedruckt oder zur Projektion). **D4.5** bis **D4.8** liegen im Sitzkreis. Kinder, die wollen, sind eingeladen, ihr „Paradies" dazulegen. *Spruchbänder Mt 6,25–33 (1) und (2)*, Meditation **M4.10,** ***Frag-Mal*** und Fragekarten, Lied *Wir haben Gottes Spuren festgestellt* (**M2.6**). Text des Glaubensbekenntnisses (s. auch **M8.1**). *Denk-Mal-Satz 7*

- ***Anfangsritual***
- ***Sitzkreis.*** Die Kinder erkennen das Thema wieder: Paradies. Wer will, zeigt und erzählt etwas von seinem / ihrem Paradies. L leitet zur Exkursion über: Jedes Kind nimmt eine Schreibunterlage, Papier und Stifte mit. Es gilt, etwas Schönes, etwas „Paradiesisches" an dem Ort zu entdecken, den L zeigen will – und dieses im Bild festzuhalten.
- ***Exkursion*** (ca. 20 Minuten)
- ***Sitzkreis.*** Die Kinder präsentieren ihre Bilder. Methodengespräch: Was haben wir entdeckt? ERWARTUNGSHORIZONT: Es ist gibt Schönes. Wer achtsam ist, kann es sehen. Jede/r sieht etwas anderes. Bzw.: Jede/r sieht das Gleiche, aber mit anderen Augen.
- ***Meditation***
- ***Sitzkreis***. L legt die Spruchbänder Mt 6,25–33 (1) und (2) in die Mitte. ***Frag-Mal*** und Fragekarten. Die Kinder stellen Fragen nach dem Zusammenhang von „Wundern in der Natur" und dem „Sorget nicht". *Theologisches Gespräch* über das, was Menschen tun können, um für ihr Leben zu sorgen, und das, was sie nicht allein tun können; da brauchen sie Hilfe; „Vertrauen", sagt die Bibel.
- L spricht den ersten Artikel des Glaubensbekenntnisses. L erzählt vom gottesdienstlichen Gebrauch des Glaubensbekenntnisses (überall auf der Welt, in jedem Gottesdienst). L erklärt, dass das Glaubensbekenntnis eine Art Vereinbarung ist: „Dies ist die Grundlage unseres gemeinsamen Glaubens an Gott."
- *Denk-Mal 7: Wer an Gott glaubt, glaubt: „Gott hat die Welt gut eingerichtet."*
- ***Lied*** **M2.6** singen.
- ***Abschlussritual***

Schritt 3: **Leben in Fülle**

Spruchbänder Mt 6,25–33 (1) und (2) sowie *Denk-Mal-Satz 7*, in der Mitte des Sitzkreises. Materialtheke mit Naturmaterialien (Federn, Steine, Stöcke, buntes Laub, Nüsse, Kerne, Korn), Knetgummi, Wolle, Bindfaden. Große Bögen Tonpapier (oder Rollenpapier) als Arbeitsfläche. Lied *Wir haben Gottes Spuren festgestellt* (**M2.6**). Plakat aus **M4.11** (groß kopieren für die Mitte). ***Frag-Mal***. Lied *Wo ein Mensch Vertrauen gibt* (**M4.12**).

- ***Anfangsritual***
- ***Lied* M2.6**. Wiederholung anhand der Spruchbänder und des *Denk-Mal-Satzes 7*. L lädt ein, die verheißungsvollen Bilder Jesu auszugestalten: in Gruppen an den Tischen, mit Materialien von der Theke. L: Wir bauen „Momentaufnahmen" – nichts Bleibendes; aber was ihr baut, kann ich zur Erinnerung fotografieren.
- ***Gruppenarbeit.*** Die Kinder organisieren die Gestaltungsaufgabe und führen sie durch.
- ***Begehung.*** Die Gruppen besuchen sich gegenseitig und besichtigen die Gestaltungen. L fotografiert.
- ***Aufräumen***
- ***Sitzkreis***. Lied **M2.6**; L legt das Plakat zu Spruchband Mt 6,25–33 (2); ***Frag-Mal.*** Möglicherweise wurde die Frage nach der Wirklichkeit schon gestellt („Aber nicht alle haben genug zu essen, nicht alle haben etwas anzuziehen und ein Dach über dem Kopf"); hier ist der Ort, sie zu thematisieren. *Theologisches Gespräch*. ERWARTUNGSHORIZONT: Die Welt ist nicht so, wie Menschen glauben, dass sie sein soll bzw. wie Jesus sagt, dass Gott sie will! Die Kinder entdecken den Unterschied zwischen Wirklichkeit und Vision. Das bleibt zunächst so stehen, als ein „Graben" zwischen dem, was ist, und dem, was sein soll.
- ***Lied* M4.12** üben (Text besprechen), singen.
- ***Schlussritual***

Schritt 4: **Und danach ...?**

Deckblatt der Einheit für die Mitte. Bilderbuch „Gehört das so??!“ von Peter Schössow. Alternativ: Inhaltsangabe **M4.13**; Bilder **D4.14–D4.16**. ***Frag-Mal*** und *Frag-Mal-Karten*; leeres Puzzleteil für jedes Kind (**M1.1**), *Islam 9* **BM5**, *Dialog 3* **BM6**; Lied *Wir haben Gottes Spuren festgestellt* (**M2.6**).

- ***Anfangsritual***
- ***Sitzkreis.*** Die Kinder vollziehen mithilfe des Deckblatts den Lernweg der vergangenen Stunde nach: So, wie es sein soll, ist es nicht. (Aber es kommt; es hat schon angefangen.) L lässt die Bilder **D4.14–D4.16** im Kreis herumgehen. Die Kinder betrachten sie stumm. L: Was habt ihr gesehen? ERWARTUNGSHORIZONT: ein sehr wütendes Mädchen mit einer roten Tasche; einen toten Vogel; ein Bild, wo der Vogel wieder singt.
- L erzählt die Geschichte von Elvis (**M4.13**). ***Frag-Mal***. Die Kinder beschriften Fragekarten und legen sie in der Mitte ab. Eine (und ähnliche) Fragekarte wird gewählt. *Theologisches Gespräch* über das Leben nach dem Tod. ERWARTUNGSHORIZONT: Die Kinder erzählen, wie sie sich das Leben nach dem Tod vorstellen. „Himmel“, „Paradies“. Genaues weiß man nicht, kann man nicht wissen. Die Toten kommen nicht wieder. Warum dürfen wir uns dennoch etwas Schönes ausmalen?
- L erinnert an *Denk-Mal 7: „Wer an Gott glaubt, glaubt: Das Leben auf der Erde ist gut eingerichtet.“*
- ***An den Tischen.*** Die Kinder gestalten ihre Idee vom Leben nach dem Tod. Muslime und Nicht-Religiöse erhalten für diese Aufgabe eigene Arbeitsblätter (*Islam 9* **BM5**, *Dialog 3* **BM6**).
- ***Lied.*** **M2.6** singen.
- ***Schlussritual***

Schritt 5: **Die „Hütte Gottes“ bei den Menschen**

Wenn die Reli-Mappen nicht im Klassenraum verbleiben: Die Kinder werden im Vorfeld darauf hingewiesen, sie für Schritt 5 mitzubringen.
Deckblatt der Einheit für jedes Kind, *Spruchband Röm 8,24*, Puzzleteile *Weg* (**M1.2**), Puzzleteil *Adam und Eva* (**D2.15**), Reli-Mappen (Gestaltungen der Kinder aus Schritt 1, 2, 4). Fotos von den Gestaltungen der Kinder aus Schritt 3. Textblatt **M4.17** für jedes Kind. Kleine Materialtheke: Wollreste, Klebstoff, buntes Papier; verschieden farbige Tonpappen (DIN A3; eine pro Gruppe / Gruppentisch). *Denk-Mal-Satz 8*

- ***Anfangsritual***
- ***Sitzkreis.*** L legt mit Hilfe der Kinder einen „Lebensweg“; auf mehrere Weg-Puzzle-Teile folgen „Paradiesbilder“ (= Fotos aus Schritt 3), die Kinder ergänzen aus ihren Mappen (freiwillig!). L legt Spruchband. ERWARTUNGSHORIZONT: Die Kinder erinnern sich an den „Graben“ zwischen Wirklichkeit und Hoffnung. Entsprechend wird das Bild verändert. An das äußerste Ende legen einige Kinder schließlich ihre „Jenseits“-Bilder aus Schritt 4. Das Bodenbild bleibt liegen. *Denk-Mal 8: Christen glauben, dass „Gottes Himmel“ kommt.*
- ***Stillarbeit an den Tischen.*** Jedes Kind liest für sich **M4.17**.
- ***Gruppenarbeit*** an den Tischen. Jede Gruppe wählt eine Tonpappe als Unterlage. Aufgabe: Mit Wollfäden soll der Lebensweg gestaltet werden: Wo geht er hin? Wo sind die Gräben? Wo und wie wird die „Hütte Gottes bei den Menschen“ gestaltet?
- ***Begehungen.*** Die Gruppen besuchen sich gegenseitig. L fotografiert (Die Kinder erhalten später je ein Foto für die Reli-Mappe.)
- ***Aufräumen***
- ***Schlussritual***

Biblisches Erzählen: Mose führt sein Volk durch das Schilfmeer

Für die Mitte: Bibel, *Brunnen* (**M1.14**), Bildkarten EL, ET, GE, GS, GO, LH, SK (**BM1**). Tücher in Gelb und Blau. Auf dem Gelb: die Mose-Figur (**D1.15**). Puzzleteile *Mose* (**D1.18**, **D1.19**, **D1.20**) Erzählvorlage **M4.18**. ***Frag-Mal***. Moderationskarten in drei Farben und Stifte. Bibelblatt *Mose* (**M1.21**), Grundtext **G3.4**, Lied *Vertraut den neuen Wegen* (**M2.10**). Lieder *Du bist der Ich-bin-da* (**M1.13**) und *Lass uns heute zu dem Brunnen gehen* (**M1.16**) – für den rituellen Rahmen.

- ***Anfangsritual*** der Bibel-Erzähl-Stunden mit Lied **M1.16.**
- ***Sitzkreis***. L legt die Puzzleteile **D1.18–D1.20.** Die Kinder erzählen von Mose, insbesondere von der Wüstenwanderung, der Wolken- und Feuersäule, den Geboten. (Wiederholung). L: „Ganz am Anfang der Wanderung gab es eine sehr brenzlige Situation ..."
- ***Die Bibel öffnen***. Erzählung **M4.18**.
- ***Stille Zeit.*** Die Kinder schreiben auf Moderationskarten: 1) was sie selbst an der Geschichte wundert, 2) was ihnen gefällt, 3) was sie sich fragen. Die Karten werden in der Mitte abgelegt.
- ***Gespräch.*** Die Karten 1 und 2 werden reihum gelesen und zur Kenntnis genommen (ggfs. Verständnisfragen klären).
- ***Fragerunde und Theologisieren***. Das ***Frag-Mal*** geht von Hand zu Hand. Kinder nennen ihre Fragen von den Karten 3). Eine der Fragen wird aufgegriffen und im *Theologischen Gespräch* thematisiert. ERWARTUNGSHORIZONT: Frage nach dem Wunder: Wer hat das Wunder getan? War es ein Wunder? Was sollen wir glauben?
- ***Bodenbild.*** L und Kinder legen die Mose-Puzzleteile zusammen.
- ***Lied.*** **M2.10** singen.
- Bibelblatt und Grundtext werden verteilt.
- ***Schlussritual*** der Bibel-Erzähl-Stunden mit Lied **M1.13.**

Einheit 5

Wir gehen mit Maria

Für diese Einheit benötigen Sie
D5.1, M5.2, M5.3, M5.4, D5.5, D5.6, D5.7, D5.8, D5.9, D5.10, M5.11, M5.12, M5.13, D5.14, M5.15, M5.16, M5.17, M5.18, G3.5
M1.13, M1.14, M1.16, M2.6
BM1, BM2, BM3, Dialog 4 und 5 BM6, Deckblatt 5, Spruchband Röm 13,12, Denk-Mal-Sätze 9 und 10

Schritt 1: **Kann Gott reden?**

Material & Vorbereitung

In dieser Einheit empfiehlt sich eine Extra-Stunde mit interkonfessionellem Gespräch (ev. – kath.); mehr dazu im Basismaterial *Dialog 4* **BM6**.

Bild *Verkündigung an Maria* (**D5.1**); Verkündigung (**M5.2**; eine Kopie pro Tischgruppe; zerschnitten; einmal vergrößert und komplett zum Aufhängen), ***Frag-Mal*** und Fragekarten, Regeln der Bildbetrachtung (**M5.3**) für jedes Kind, Jahresuhr (**BM2**), Lied *Wir haben Gottes Spuren festgestellt* (**M2.6**); Rollenpapier, Stifte; Lied: *Mit dir, Maria, singen wir* (**M5.4**).

- ***Anfangsritual***
- ***Bildpräsentation***. Die Kinder beschreiben, was sie sehen, und ihren ersten Eindruck. Deutung 1: Die Frau / das Mädchen auf dem Bild ist Maria von Nazareth. Die Kinder beschreiben weiter: Marias Haltung, Gesichtsausdruck. Was sieht sie? Was hört sie? Deutung 2: Maria hört eine Verkündigung.
- ***An den Tischen.*** Die Kinder erhalten die Verkündigung (**M5.2**) zum Zusammensetzen. Wenn das geschehen ist, finden und notieren die Kinder in ihren Gruppen Fragen.
- ***Sitzkreis.*** Die Verkündigung liegt in der Mitte. Die Kinder legen ihre Fragekarten ab. Wenn alle da sind: *Methodengespräch*. Mit **M5.3** werden die Regeln der Bildbetrachtung wiederholt bzw. entdeckt und bedacht. Was haben wir über Maria herausgekriegt? Und jetzt, wo wir wissen, was sie hört: Ändert sich die Wirkung des Bildes?
- ***Gemeinschafts-Bild.*** Ein Mädchen (freiwillig, in praktischer Kleidung) legt sich in die Mitte auf ein genügend großes Stück Rollenpapier. Zwei Kinder sind die Maler. Die anderen geben Regieanweisungen. Ziel: Das Mädchen nimmt die Haltung Marias an. Die Maler bringen die Konturen auf dem Papier zur Abbildung. L fotografiert.
- L weist auf die Jahresuhr: Wir werden mit Maria durch die Adventszeit gehen. Lasst uns sehen, welche Fragen euch eingefallen sind … ERWARTUNGSHORIZONT: Die Fragen lassen sich verteilen auf die Schritte der Einheit: nach Gottes Stimme, nach Gottes Plan, nach Jesus, nach Konsequenzen für heute.
- ***Lied.*** **M2.6** singen.
- ***Theologisches Gespräch.*** Kann Gott eigentlich reden? ERWARTUNGSHORIZONT: Die Kinder erzählen, dass Gott mit Abraham, Mose, Elia u. a. gesprochen hat. Rückfrage: Hat er gesprochen wie ein Mensch? Oder was haben Abraham, Mose, Elia u. a. gehört? Verschiedene Vorstellungen und Gottesbilder werden genannt. Weiterführende Frage: Und auf unserem Bild? Der Bote (Engel) kommt zur Sprache als „Gottes Stimme".
- ***Lied.*** **M5.4** ansingen, üben: Strophe 1.
- ***Schlussritual***

Schritt 2: **Hat Gott einen Plan?**

Ein kleines Stück Barfuß-Parcours, z. B. zwei Schalen (Kies, Strandsand), dazwischen eine Fußmatte, ist im oder vor dem Klassenzimmer aufgebaut.
Ganzkörperbild *Maria* in der Mitte, Körperteile (**D5.5–D5.10**[6]; je einmal ausgedruckt), Verkündigung (**M5.2**), Lied *Mit dir, Maria singen wir* (**M5.4**), Meditation **M5.11**, Ave Maria (**M5.12**, für jedes Kind und für die Hälfte der Tischgruppen je einmal zerschnitten als Legespiel), den Lobgesang der Maria (**M5.13**, für jedes Kind und für die Hälfte der Tischgruppen je einmal zerschnitten als Legespiel), Fragekarten, Lied *Wir haben Gottes Spuren festgestellt* (**M2.6**). *Denk-Mal-Satz 9*

- ***Anfangsritual***
- ***Sitzkreis.*** L legt das Auge: Was hat Maria gesehen? L legt das Ohr: Was hat Maria gehört? (Wiederholung) L gibt das Herz herum: Was fühlt Maria? Das Kind, das das Symbol in Händen hält, formuliert einen Satz und gibt das Symbol weiter.
- ***An den Tischen***. Jedes Kind erhält einen Papierstreifen und den Auftrag, einen „Tagebucheintrag" Marias zu verfassen: „Was ist mir da passiert?" Die Streifen werden rings um das Ganzkörperbild gelegt. *Lied* **M5.4**, Strophe 1; L legt den Fuß. Meditation **M5.11**.
- ***An den Tischen.*** Die Gruppen erhalten je einen Satz Legematerial: die eine Hälfte das Ave Maria, die andere das Loblied der Maria. Sie legen die Teile passend zusammen. Sie lesen den Text und beschriften Fragekarten.
- Die Texte werden laut gelesen, mehrfach, aus verschiedenen Ecken des Raumes. Jedes Kind erhält den Volltext beider Lieder für die Reli-Mappe.
- L führt die Kinder einmal „durchs Gebirge" (über den Barfuß-Parcours; *alternativ*: um die Schule, über den Schulhof o.ä.).
- ***Sitzkreis.*** Die Fragekarten werden um das Ganzkörperbild gelegt (zum „Fuß"). Eine Frage wird zur Besprechung ausgewählt. ERWARTUNGSHORIZONT: Frage(n) nach Gottes Willen. Weiß Gott immer, was passieren wird? Plant er das? Ist die Bibel das Buch des Planes Gottes? Die Kinder erzählen, dass Gott Menschen ruft und ihnen Aufträge gibt und sie auf den Weg schickt. Und dass er ihnen ein Ziel vor Augen stellt. Aber nicht nur Menschen: ganze Völker, die ganze Welt! *Denk-Mal 9: Wer an Gott glaubt, glaubt: Gott hat einen guten Plan für die Welt.*
- ***Lied.*** **M2.6** singen.
- ***Schlussritual***

---

6 = M2.9 bis M2.14 in ***Religion mit Kindern 1.***

Schritt 3: **Heißt Gottes Plan *Jesus*?**

Ganz-Körper-Maria, Körperteile (**D5.5–D5.10**; je einmal ausgedruckt), Verkündigung (**M5.2**), Ave Maria (**M5.12**) und Lobgesang der Maria (**M5.13**), Papierstreifen für jedes Kind, Lied *Mit dir, Maria singen wir* (**M5.4**); pro Tischgruppe eine Ausgabe der Zeitung *Römische Welt. Lokalausgabe Palästina* (**D5.14**; ausgedruckt und zusammengelegt wie eine Zeitung), Gruppenarbeitsblatt (**M5.15**).

- ***Anfangsritual***
- ***Sitzkreis.*** Das Legebild wird rekonstruiert: Ohr, Auge wie Schritt 2; beim Ohr kommt hinzu: das Ave Maria; neu hinzu der Mund mit dem Lobgesang. Ave Maria und Lobgesang werden von Einzelnen und gemeinsam gelesen. Lied **M5.4** singen.
- ***An den Tischen***. Jedes Kind erhält einen Papierstreifen und den Auftrag, einen zweiten Tagebucheintrag Marias zu verfassen: „Meine Reise zu Elisabeth“. Wer will, liest seinen Streifen anschließend vor. Danach hebt jedes Kind seinen Streifen zusammen mit dem von Schritt 2 in der Reli-Mappe auf.
- L verteilt pro Tischgruppe eine Zeitung und ein Gruppenarbeitsblatt. Aufgabe: Sichten und suchen: Infos und Neuigkeiten zum „Fall Maria“. ERWARTUNGSHORIZONT: Die Kinder entdecken a) die Notiz über Marias Schwangerschaft, b) den Bericht über Messiaserwartungen in Jerusalem, c) die Reportage über die Volkszählungsabsicht des Kaisers. Sie tragen ihre Ergebnisse in das Gruppenarbeitsblatt ein.
- ***Präsentation*** der Ergebnisse mit Gespräch und Vergleich.
- ***Schlussritual***

Schritt 4: **Hat Jesus die Welt gerettet?**

Ganzkörper-Maria, Körperteile (**D5.5–D5.10**; je einmal ausgedruckt), Verkündigung (**M5.2**), Ave Maria (**M5.12**) und Lobgesang der Maria (**M5.13**), Papierstreifen für jedes Kind, Lied *Mit dir, Maria singen wir* (**M5.4**). *Deckblatt* der Einheit für alle.
Für nicht religiös Erzogene und Anders-Gläubige: *Dialog 5* **BM6**. Meditation *Kind auf meinem Arm* (**M5.16**). ***Frag-Mal***. Lied *Wir haben Gottes Spuren festgestellt* (**M2.6**). *Spruchband Röm 13,12.*

- ***Anfangsritual***
- ***Sitzkreis***. Das Legebild wird rekonstruiert: wie Schritt 3; neu dazu: das Herz. Die Kinder erzählen von Josef, Marias Bräutigam, und von den Hoffnungen des Volkes auf einen Heiland.
- ***An den Tischen***. Pro Tischgruppe einige Papierstreifen. Die Überschrift des dritten Tagebucheintrags, der gern mehr als einen Streifen umfassen soll: „Meine Reise nach Bethlehem". L lädt die Kinder ein, aufzuschreiben, was sie von Josefs und Marias Reise nach Bethlehem und Jesu Geburt im Stall wissen. Nicht religiöse und andersgläubige Kinder bearbeiten *Dialog 5* **BM6**.
- ***Sitzkreis***. Wer will, liest seinen Text vor. Als letztes Attribut wird die Hand dem Ganzkörperbild zugefügt. L spricht die Meditation *Kind auf meinem Arm*.
- ***Statuentheater***. Mädchen nehmen Haltungen Marias ein: bei der Verkündigung, beim Lobgesang, nach der Geburt ... Die Jungen raten, um welche Station es sich jeweils handelt. Die Kinder bekommen das Deckblatt der Einheit.
- ***Lied* 5.4.** Mit dem ***Frag-Mal*** werden die Kinder eingeladen, das Lied zu hinterfragen: „uns trägt die Hoffnung, die du trugst ..." ERWARTUNGSHORIZONT: Die Kinder stellen die Frage, was Jesus der Welt gebracht hat: die Erinnerung an seine Worte und Taten; Weihnachten; den Glauben an seine Auferstehung, die christliche Kirche ... L legt als zusätzlichen Impuls das Spruchband aus.
- Weihnachtslieder singen.
- ***Schlussritual***

Biblisches Erzählen: Maria verlässt sich auf Gott

Für die Mitte: Bibel, *Brunnen* (**M1.14**), Bildkarten EL, ET, GE, GS, GO, LH, SK (**BM1**). Für die Mitte: eine flache Schale mit Sandkastensand und Steinen, Maria und Josef als Mensch-ärgere-dich-nicht-Figuren. *Spruchband Röm 13,12.* Erzähllied *Lass uns heute zu dem Brunnen gehen* (**M1.16**). Bibel und verschiedene Kinderbibeln. Erzählvorlage **M5.17**. ***Frag-Mal.*** Moderationskarten in drei Farben und Stifte. Bibelblatt *Maria* (**M5.18**) und Grundtext **G3.5** für alle Kinder; Lied *Du bist der Ich-bin-da* (**M1.13**). *Denk-Mal-Satz 10*

- ***Anfangsritual*** (für Bibel-Erzählstunden)
- ***Einstimmen auf Maria***. Die Kinderbibeln werden am Anfang des Neuen Testaments geöffnet: Wie sieht jeweils Maria aus? Welche Szenen sind gestaltet?
- ***Die Bibel öffnen***. Die große Bibel wird aufgeschlagen. Erzählung mit **M5.17**.
- ***Stille Zeit***. Die Kinder schreiben auf Moderationskarten: 1) was sie selbst an der Geschichte wundert, 2) was ihnen gefällt, 3) was sie sich fragen. Die Karten werden in der Mitte abgelegt.
- ***Gespräch***. Die Karten 1 und 2 werden reihum gelesen und zur Kenntnis genommen (ggfs. Verständnisfragen klären).
- ***Fragerunde und Theologisieren***. Das ***Frag-Mal*** geht von Hand zu Hand. Kinder nennen ihre Fragen von den Karten 3). Eine der Fragen wird aufgegriffen und im *Theologischen Gespräch* thematisiert. ERWARTUNGSHORIZONT: Vielleicht taucht die Frage nach Jesu biologischem Vater auf. L kann helfen, indem er / sie deutlich macht, dass sich schon die Evangelisten nicht einig waren. Hilfreiche Sätze: „Oh Gott, bei dir sind alle Dinge möglich!"; *Denk-Mal 10: „Christen glauben: Jesus ist Gottes Sohn – wie das zu verstehen ist, bleibt ein Geheimnis."*
- Die Kinder erhalten je ein Bibelblatt und einen Grundtext. Brainstorming zu Gestaltungsmöglichkeiten. ***Hausaufgabe:*** Gestaltung der Initiale und eigene Gestaltung des freien Raums.
- ***Abschlussritual*** der Bibel-Erzähl-Stunden mit Advents- und Weihnachtslieder nach Wahl.

Einheit 6

Wir folgen Jesu Spuren

Für diese Einheit benötigen Sie
M6.1, D6.2, M6.3, D6.4, M6.5, M6.6, M6.7, M6.8, M6.9, M6.10, D6.11, M6.12, D6.13, D6.14, D6.15, M6.16, D6.17, D6.18, M6.19, G3.6
M1.14, M1.16, M2.1, M2.6, M2.14, D3.11, D5.9
BM1, BM3, Deckblatt 6, Spruchband Mt 20,28, Denk-Mal-Sätze 11 und 12

Schritt 1: **Wir haben Vorbilder**

Satzanfänge (**M6.1**: kopieren und auseinanderschneiden; einzeln auf DIN A3-Blätter kleben); zum Beschriften auslegen an vier Stationen. Je drei „Füße" (**D5.9**) pro Tischgruppe. ***Frag-Mal***

- ***Anfangsritual***
- ***Stationen.*** Die Kinder nehmen gar nicht erst Platz, sondern verteilen sich auf die vier Stationen. Die Kinder bleiben an jeder Station etwa fünf Minuten, dann geht die gesamte Gruppe weiter. In dieser Phase soll nicht gesprochen werden.
  Ein zweiter Stationenlauf dient der Sichtung der verschiedenen Eintragungen (wiederum ca. fünf Minuten). Gespräche sind jetzt willkommen.
- ***An den Tischen.*** Blitzlichtrunde: Was ist den Kindern aufgefallen? ERWARTUNGSHORIZONT: Sind an Station 1 und 4 eher Idole erwähnt, an den Stationen 2 und 3 hingegen Familie und Freunde? Warum ist das so? Sind die Fragen nach dem Vertrauen und dem „so werden wollen wie er / sie" ernster als „find ich gut" und „ich wäre mal gern"?
- ***Einzelarbeit.*** Die Kinder schreiben zu einem der Satzanfänge ausführlicher, und zwar unter den Gesichtspunkten „Wer?" und „Warum?" – mit Beispiel(!) (ggfs. Hausaufgabe).
- ***Gruppenarbeit.*** Wie muss ein Vorbild sein? Die Kinder tauschen sich aus und einigen sich auf nur (!) drei Eigenschaften. Diese werden auf je einen „Fuß" geschrieben.
- ***Sitzkreis.*** Die Karten werden präsentiert und geclustert. Die Kinder stellen Fragen zu dem, was ihnen auffällt. *Methodengespräch*: Warum jeweils nur drei „Füße"? Was bringt diese Einschränkung? Was ist herausgekommen? ERWARTUNGSHORIZONT: Die Kinder haben sich an den Tischen auf grundlegende Werte geeinigt, vielleicht auf Stärke, Verlässlichkeit, „Gut-Sein"? Ist auch so etwas wie Freundlichkeit, Güte dabei? (Merkposten für den nächsten Schritt!)
- ***Schlussritual***

Schritt 2: **Wir gehen (nicht) mit**

Aus dem Grüffelo-Film Szenenbilder **D3.11** und **D6.2**. Heilandsruf (**M6.3**, größer kopiert und in Streifen geschnitten; ein Streifen pro Tischgruppe wird wiederum zerschnitten als Legespiel); je ein „Fuß" (**D5.9**) pro Tischgruppe. Die „Füße" der Kinder aus Schritt 1. Lied *Eines Tages kam einer* (**M2.1**), Jesus-Bild (**D6.4**; farbiger Ausdruck). Arbeitsblätter **M6.5–M6.9**, ***Frag-Mal***, Komplettausdruck des Heilandsrufes (**M6.10**, einmal). *Denk-Mal-Satz 11*
Wer die Gelegenheit hat, zeigt im Unterricht zusätzlich die Szenenfolge 2: *Die Maus geht vor dem Grüffelo her* der DVD educativ oder der Zusatz-DVD von Matthias Film.

- ***Anfangsritual***
- ***Sitzkreis***. In der Mitte liegt das Bild vom Grüffelo (**D3.11**). L: Ein großer starker Kerl! Er kann … Die Kinder ergänzen. L: Ein gutes Vorbild? Jemand, mit dem du mitgehen möchtest? L legt **D6.2**, dann die „Füße" aus Schritt 1. Im Gespräch wird geklärt: Größe und Stärke allein sind nicht alles. Er muss auch „gut" sein. (Wiederholung).
- ***Lied***. **M2.1** singen.
- L zeigt und legt **D6.4**. Die Kinder beschreiben, was sie sehen. Erste Deutung. Hinten auf dem Bild steht: *„Taufe bedeutet: Mit Jesus gehen" (Denk-Mal 11)*. Die Kinder äußern sich zu „Taufe". Zurück zum Bild: Welcher von den dreien ist Jesus? Woran erkennst du ihn? Wie wirkt das Bild? ERWARTUNGSHORIZONT: Die Kinder erkennen Jesus an den ausgebreiteten Armen. Er geht in der Mitte. Er begleitet und beschützt …
- L: „In der Bibel steht: Er hat eine ganz ungewöhnliche Einladung ausgesprochen …" (Überleitung zum Legespiel)
- ***An den Tischen***. Die Gruppen legen je ihren Teil des Heilandsrufes (**M6.3**). Anschließend bedenken sie den gefundenen Satz anhand des jeweiligen Arbeitsblattes. Der Reihe nach schreibt je einer aus jeder Gruppe seinen Satz an die Tafel. Die Verse werden laut gelesen, zum Schluss der ganze Spruch.
- ***Fragerunde im Sitzkreis***. L legt den Spruch zum Jesus-Bild und bietet das ***Frag-Mal*** an. ERWARTUNGSHORIZONT: 1) Die Kinder fragen nach den „schweren Wörtern" – Kinder der jeweiligen Arbeitsgruppe antworten. 2) Die Kinder fragen nach Jesus: Was ist das für ein „Typ"?
- ***Lied***. **M2.1** singen.
- ***Schlussritual***

Schritt 3: **Wir lassen uns (nicht) einspannen**

Aus Schritt 2: Ausdruck des Heilandsrufes (**M6.10**), Jesus-Bild (**D6.4**)
Ein Ochsengespann: wenn möglich Plastiktiere aus einem Bauernhof-Spiel, sonst Bild **D6.11**. Meditation *Ochs und Esel* (**M6.12**). ***Frag-Mal***. Moderationskarten. Plastikbügel. Kleine Materialtheke: Geschenkband, Bänder, Krepp, Wollreste, große bunte Pfeifenreiniger. Lied *Eines Tages kam einer* (**M2.1**)
Die „Joche", die gebastelt werden, brauchen einen festen Platz in der Klasse (Leine durch Klassenzimmer; mit Band am Kartenständer o.Ä.; für die Dauer der Einheit und später für Einheit 7).

- Anfangsritual
- ***Sitzkreis.*** Die Kinder lesen den Heilandsruf (im Chor, im Wechsel). Sie erzählen zu dem Bild (Wiederholung). L präsentiert das Ochsengespann. Die Kinder beschreiben, was sie sehen.
- ***Empathieübung.*** Der Satzanfang „Wenn ich so wie dieser Ochse wäre, würde ich ..." geht einmal im Kreis herum: Jedes Kind beendet ihn auf seine Weise.
- L nimmt die Gedanken der Kinder auf mit der Meditation **M6.12**. Die Kinder lesen noch einmal den Heilandsruf. L bietet das ***Frag-Mal*** an. ERWARTUNGSHORIZONT: So ein Joch kann Jesus nicht gemeint haben. Er ist kein Bauer, die Menschen, die er einlädt, sind keine Kühe ... – Trotzdem ist Jesus so etwas wie ein Chef.
- Was für eine Arbeit legt Jesus den Menschen, die mit ihm gehen, auf? ERWARTUNGSHORIZONT: Nächstenliebe, Achtsamkeit, Freundlichkeit, Gebet, anderen von Gott erzählen.
- Die Kinder äußern erste Ideen; anschließend beschriften sie Moderationskarten mit je einem Vorschlag. Sie nehmen ihre Karten mit an die Tische.
- ***Gruppenarbeit***. Pro Tischgruppe ein Plastikbügel, der für das symbolische Joch steht, das Jesus den Menschen auferlegen will. Die Kinder gestalten es, indem sie es mit Bändern und Krepp umwickeln; dabei bekommen jedes Material und jede Farbe eine symbolische Bedeutung zugewiesen, wie zum Beispiel: Nächstenliebe, Achtsamkeit ... Die Bänder können mit Labels versehen werden (aus buntem Papier, beschriftet, gelocht und mit Bändchen befestigt).
- ***Begehung***. Die Gesamtgruppe geht von Tisch zu Tisch und betrachtet die Joche. Die Gestaltungen können erläutert werden (müssen aber nicht).
- ***Lied* M2.1** singen.
- ***Schlussritual***

Schritt 4: „Der war auch mal un-nett“

Auf der Zusatz-DVD von Matthias-Film befinden sich zwei Ausschnitte *Mitchel* aus dem Film *Kinder von St. Georg*; wenn vorhanden, können diese Ausschnitte im Unterricht gemeinsam angeschaut werden. Alternativ: die beiden Screenshots **D6.13** und **D6.14** sowie das Protokoll **D6.15**.
Moderationskarten in zwei Farben (je mehrere pro Tischgruppe). ***Frag-Mal.*** Lied *Eines Tages kam einer* (**M2.6**). *Spruchband Mt 20,28*; weitere Sprüche (**M6.16**; kopieren und ausschneiden oder auf Karten übertragen) in nummerierten Briefumschlägen, die in der Pause zuvor auf dem Schulhof (in einem definierten Areal) versteckt werden. (Wer dazu keine Zeit hat, versteckt die Briefe im Klassenraum, während die Kinder mit *Mitchel* beschäftigt sind.)

- ***Anfangsritual***
- ***An den Tischen***. Die Kinder sehen die Filmausschnitte *Mitchel* oder lernen Mitchel durch Bild und Erzählung kennen. Erschließungsfragen: Was haben wir gesehen? Was haben wir gehört? Die Kinder besprechen sich an den Tischen und beschriften entsprechend Karten in zwei Farben („gesehen“ / „gehört“).
- Die Karten werden vorgestellt und rund um ein Bild von Mitchel angeordnet. Im Stehen rund um Mitchel geht das ***Frag-Mal*** von Hand zu Hand: Was möchten die Kinder Mitchel fragen? ERWARTUNGSHORIZONT: Warum bist du so traurig? Was hast du gegen Jesus? Warum denkst du, der war auch mal „un-nett“?
- ***Aktion.*** Die Kinder „folgen den Spuren Jesu“, indem sie seine Worte suchen. L sagt an, wie viele Umschläge gesucht werden sollen, und dass sie noch nicht geöffnet werden sollen.
- ***An den Tischen.*** Wenn alle Umschläge gefunden sind, werden sie an Tisch- / Partnergruppen verteilt und gleichzeitig geöffnet. Die Kinder rufen ihre Sprüche abwechselnd in den Raum (mehrmals). Zwei Stationen im Raum werden definiert: „freundlich“ / „streng“.
- ***Stationen***. Die Kinder positionieren sich mit ihrem Spruch, je nachdem, ob sie meinen, dass Jesus bei den jeweiligen Worten eher streng schaut oder freundlich lächelt. Wenn alle ihren Platz gefunden haben, werden die Sprüche noch einmal gelesen und die Positionen begründet.
- ***Sitzkreis.*** L legt das Spruchband. Gespräch über Jesu Anspruch – ganz Mensch zu sein, aber doch ganz besonders: nicht „nett“, sondern „sanftmütig“. Die Kinder fragen nach und erzählen vom „Dienen“; als Schlüssel kann die Frage der Verkäuferin / des Kellners sein: „Womit kann ich dienen?“ ERWARTUNGSHORIZONT: Jesus meint, dass die Menschen es ihm nicht bequem machen müssen; er meint, dass er auf andere Menschen achten und ihnen helfen will.
- ***Lied.*** **M2.6** singen.
- ***Schlussritual***

Biblisches Erzählen: Jesus bricht auf

Für die Mitte: Bibel, *Brunnen* (**M1.14**), Bildkarten EL, ET, GE, GS, GO, LH, SK (**BM1**). Mit einem gelben und einem grünen Tuch werden Wüste und Flussufer gelegt; durch das Flussufer schlängelt sich der Jordan (blau). Zwei Kegel als Jesus- und Johannes-Figuren. Erzähllied *Lass uns heute zu dem Brunnen gehen* (**M1.16**). Bibel und verschiedene Kinderbibeln.

Bilder von Pauls Taufe (**D6.17**[7] und **D6.18**; je ein Ausdruck), Erzählvorlage **M6.19**. ***Frag-Mal.*** Moderationskarten in drei Farben und Stifte. *Spruchband Mt 20,28*, *Denk-Mal-Satz 12*, Bibelblatt *Jesus* (**M2.14**) und Grundtext **G3.6** für alle Kinder.

- ***Anfangsritual*** (für Bibel-Erzählstunden), extra: L geht mit dem „Brunnen" von Kind zu Kind und zeichnet ihm mit dem angefeuchteten Finger ein Kreuz in die Hand.
- ***Einstimmen***. L gibt die Tauf-Bilder herum. Jedes Kind bildet einen Satz: „Taufe ist ..." Verweis auf *Denk-Mal 11: Taufe ist: „Mit Jesus gehen."*
- ***Die Bibel öffnen***. Die große Bibel wird aufgeschlagen. Erzählung mit **M6.19**.
- ***Stille Zeit.*** Die Kinder schreiben auf Moderationskarten: 1) was sie selbst an der Geschichte wundert, 2) was ihnen gefällt, 3) was sie sich fragen. Die Karten werden in der Mitte abgelegt.
- ***Gespräch***. Die Karten 1 und 2 werden reihum gelesen und zur Kenntnis genommen (ggfs. Verständnisfragen).
- ***Fragerunde und Theologisieren***. Das ***Frag-Mal*** geht von Hand zu Hand. Kinder nennen ihre Fragen von den Karten 3). Eine Frage nach der „Versuchung" wird aufgegriffen und im *Theologischen Gespräch* thematisiert. Mit Spruchband als Impuls. ERWARTUNGSHORIZONT: Die Kinder klären, in welchem „Fach" Jesus eigentlich „geprüft" wurde – gemäß dem Spruchband: sich nicht „dienen zu lassen", sondern „zu dienen". *Denk-Mal 12: Jesus Christus zeigt: „Nicht alles, was gemacht werden kann, ist gut."*
- Die Kinder erhalten je ein Bibelblatt und einen Grundtext. Brainstorming zu Gestaltungsmöglichkeiten. ***Hausaufgabe***: Gestaltung der Initiale und eigene Gestaltung des freien Raums.
- ***Abschlussritual*** (der Bibel-Erzähl-Stunden)

---

7 = **D2.6** und **D2.7** aus ***Religion mit Kindern 1.***

Einheit 7

Wir gehen nach Jerusalem

Für diese Einheit benötigen Sie
D7.1, D7.2, M7.3, M7.4, M7.5, M7.6, M7.7, M7.8, M7.9, M7.10, M7.11, M7.12, M7.13, M7.14, M7.15, M7.16, G3.7
M1.1, M1.2, M1.13, M1.14, M1.16, M2.6, M2.14
BM1, BM3, Elternbrief 9 BM4, Islam 10 BM5, Dialog 6 BM6, Deckblatt 7, Spruchband Lk 18,31, Denk-Mal-Satz 13

Schritt 1: **Wir sehen einen schweren Weg**

Diesem Schritt sollte ein erlebnispädagogisches Element vorhergehen – eine Besteigung: entweder eine Exkursion auf einen Berg in der Umgebung (mit wirklich steilen Elementen), der Besuch in einem Kletterpark oder eine Kirchturmbesteigung. Die Kinder erleben, wie anstrengend ein Aufstieg ist und wie es sich lohnt, oben angekommen zu sein. Im Fall der Kirchturmbesteigung kann dies durch eine kleine Kirchenführung unter der Perspektive Passion und Kreuze ergänzt werden.
Der folgende Verlauf ist als Vertiefung / Aneignung nach der Exkursion oder auch als Alternative dazu umzusetzen. Für Eltern nicht- oder anders-religiöser Kinder gibt es zu Beginn dieser Jesus-zentrierten Einheit den *Elternbrief 9* **BM4**, sowie für den Unterricht einen Islam- bzw. Dialog-Vorschlag (*Islam 10* **BM5**; *Dialog 6* **BM6**).
Bild Josephskreuz (**D7.1**); *Spruchband Lk 18,31*, ***Frag-Mal***, Israel-Karte (**D7.2**, alle 4 Teile farbig ausdrucken; zum Zusammenlegen), Ausdrucke der Karten **M7.3** und **M7.4** für jedes Kind. Materialtheke: Knet- oder Modelliermasse (viel), Steine, Stöckchen. Farbige Tonpappen als Unterlagen. Lied *Geh den Weg* (**M7.5**).

- ***Eingangsritual***
- ***Im Sitzkreis.*** Erinnerung an den gemeinsam erlebten Aufstieg und / oder Gespräch zu dem Bild des Josefkreuzes (**D7.1**). ERWARTUNGSHORIZONT: Die Kinder beschreiben die Anstrengung des Hinaufsteigens und den Blick von oben; sie nehmen die Kreuzform wahr und deuten das Kreuz als Zeichen Jesu Christi.
- L legt das Spruchband. Das ***Frag-Mal*** geht von Hand zu Hand. Auf jede Frage, die gestellt wird, versuchen die Kinder eine Antwort.* Zum Beispiel: 1) Was wurde vorausgesagt? – Gutes / Erlösung ... – Die Kinder erinnern sich an die Verheißung an Maria. – 2) Wer ist der Erlöser? – Jesus selbst. 3) wieso „hinauf nach Jerusalem“? – L legt die Karte in die Mitte (**D7.2**) und gibt jedem Kind je eine Kopie der Karten **M7.3** und **M7.4**. Die Kinder entdecken, dass es vom See Genezareth nach Jerusalem ein erheblicher Anstieg ist.
- ***An den Tischen***. In Gruppen gestalten die Kinder den Weg vom Jordan nach Jerusalem mit Knetgummi.
- ***Begehungen***. L fotografiert.
- ***Lied***. **M7.5** lernen und singen.
- ***Schlussritual***

* *Wenn einzelne Kinder versuchen, hier bereits die Passionsgeschichte zu erzählen, wird das zurückgestellt.*

Schritt 2: Wir kommen noch nicht an

(Fotos der) Gestaltungen der Kinder, *Spruchband Lk 18,31*, drei Teile mit Lk 18,31–33 (**M7.6**; ein Ausdruck), Lieder *Geh den Weg* (**M7.5**) und *In der Mitte der Nacht* (**M7.7**), fünf Steine, die Arbeitsblätter der Stationen 1 bis 5 (**M7.8–M7.12**); 5 leere Puzzleteile (**M1.1**; je eins pro Gruppe), fünf *Weg*-Puzzleteile (**M1.2**); kleine Materialtheke mit Farben und Materialien zum Aufkleben; Möglichkeit zum Aufbewahren der Puzzleteile bis zum nächsten Schritt

- ***Anfangsritual***
- ***Sitzkreis***. Lied **M7.5** singen. Anhand der Gestaltungen erinnern sich die Kinder an die Mühsal des Aufstiegs und an Jesu Plan, „hinauf nach Jerusalem" zu gehen.
- ***Lied***. **M7.7** lernen und singen.
- L legt den Spruch **M7.6**, Stück für Stück. Die Kinder entdecken: Das Ankommen oben auf dem Berg Jerusalem war noch nicht das Ziel; da oben geht die Mühsal erst los: ein Weg mit Steinen. Plan für den weiteren Verlauf: Erarbeitung von fünf Puzzlesteinen (Partnerarbeit, Kleingruppen, je nach Größe der Gesamtgruppe) plus Stempel (s. Schritt 3).
- ***An den Tischen***. Die Kinder erhalten die Arbeitsblätter und Puzzleteile und machen sich an die Arbeit.
- Gemeinsame Sichtung der Zwischenergebnisse.
- ***Lied***. **M7.7** singen.
- ***Schlussritual***

Schritt 3: **Wir sind da (wohin wir nicht wollten)**

M7.6 in der Mitte; Puzzleteile und Material wie Schritt 2; Moosgummi, Stempelkissen, doppelseitiges Klebeband, Holzklötze (als Stempel), Denk-Mal-Karten; Lied *In der Mitte der Nacht* (**M7.7**). Vorlage Sprechmotette (**M7.13**).

- ***Anfangsritual***
- Verteilen und Sichten der Zwischenergebnisse (Puzzleteile der Kinder).
- ***An den Tischen***. Kinder erarbeiten weiter ihre Stationen. Zum Schluss basteln sie ihren Stempel: Sie skizzieren ein Symbol, übertragen es auf ein Stück Moosgummi und schneiden es aus. Mit dem doppelseitigen Klebeband wird das Motiv auf dem Holzklotz-Stempel befestigt.
- ***Begehung.*** Die fertigen Stempel werden mit dem Stempelkissen auf der Materialtheke ausgelegt. Die Kinder kommen mit den Puzzleteilen in den Kreis.
- ***Im Sitzkreis***. Der Reihe nach werden die Stationen vorgestellt. Dabei werden die gestalteten Puzzleteile in die Mitte gelegt und von links nach rechts zusammengesetzt. Es entsteht ein Weg des Leidens Jesu.
- ***Nach jeder Station***
  - wird gesungen: **M7.7**.
  - zieht die Gruppe zur Theke und erhält einen Stempel, z. B. auf eine Denk-Mal-Karte (für die Reli-Mappe).
- Wenn alle Puzzleteile liegen, führt L die Sprechmotette ein; die Kinder formulieren eigenständig Sätze an Jesus (**M7.13**).
- ***Schlussritual***

Schritt 4: **Wir sehen nach vorn**

Der Weg Jesu (fünf gestaltete Puzzleteile der Kinder, fünf Wegteile – das letzte offen am Ende) ist gelegt. Die Stempelkarten der Kinder. Der Spruch aus **M7.6**. Lieder *In der Mitte der Nacht* (**M7.7**), *Geh den Weg* (**M7.5**), *Wir haben Gottes Spuren festgestellt* (**M2.6**); ***Frag-Mal***; Traumreise *Am Ostermorgen* (**M7.14**); leeres Puzzleteil für jede (Tisch-)Gruppe (**M1.1**). *Deckblatt* der Einheit für jedes Kind. Kleine Schoko-Ostereier in einem Körbchen (ein Ei für jedes Kind). *Denk-Mal-Satz 13*. Text des Glaubensbekenntnisses (s. auch **M8.2**).

- ***Eingangsritual***
- ***Sitzkreis.*** Die Kinder wiederholen mithilfe ihrer Stempelkarten, was zu den Leidensstationen zu sagen ist. L legt den Spruch „Wir gehen hinauf ..." komplett bis: „... und am dritten Tage wird er auferstehen".
- ***Lied.*** **M7.7** singen.
- ***Frag-Mal.*** L bietet das ***Frag-Mal*** an. ERWARTUNGSHORIZONT: Die Kinder fragen nach dem „dritten Tag". Das eine oder andere erzählt vielleicht von Ostern.
- ***Gruppenarbeit***. An den Tischen: Die Gruppen erhalten **M7.14** (manchem Kind vielleicht bekannt aus ***Religion mit Kindern 1***).
- Sie formulieren den Text um in eine Geschichte des Evangelisten Markus: „Am dritten Tag gingen drei Frauen zum Grab ..."
- Sie gestalten ein Puzzleteil als „Happy End" des Leidensweges. Sie erhalten das Deckblatt der Einheit.
- ***Sitzkreis***. Die Texte und die Puzzleteile werden vorgestellt. Zwischen den Präsentationen: **M7.5** singen. ***Frag-Mal*** und Fragekarten. Eine der Fragen wird besprochen, z. B.: Wie kann man das glauben? *Theologisches Gespräch*. ERWARTUNGSHORIZONT: Das leere Grab kann eine Täuschung gewesen sein. Oder die Erzählung einer starken Erfahrung: Tot muss nicht „tot" bleiben. *Denk-Mal 13: „Die Geschichten in der Bibel sind Glaubensbekenntnisse."*
- L spricht den zweiten Artikel des Glaubensbekenntnisses. Wiederholung des über das Glaubensbekenntnis Gesagten (Einheit 4, Schritt 2).
- ***Kleines Ritual*** mit Ostereiern. L erklärt den griechischen Brauch, einander in der Osternacht Eier zu schenken. Der Gebende sagt: Christus ist auferstanden. Der Nehmende sagt: Er ist wahrhaftig auferstanden." Die Kinder können das probieren.
- ***Lied***. **M2.6** singen.
- ***Schlussritual***

Biblisches Erzählen: Jesus kommt nach Jerusalem

Für die Mitte: Bibel, *Brunnen* (**M1.14**), Bildkarten EL, ET, GE, GS, GO, LH, SK (**BM1**). Für die Mitte: am besten mehrere Palmwedel und Kleidungsstücke, Krone, Brot und Wein aus **M7.15**, braunes, graues und schwarzes Tuch, Kerze. Zu Beginn der Stunde ist das graue Tuch auf dem braunen als Straße ausgebreitet; am Ende steht die Kerze. Die anderen Legematerialien (**M7.15**) liegen bereit und werden während der Erzählung gelegt.[8]
Erzähllied *Lass uns heute zu dem Brunnen gehen* (**M1.16**). Bibel. Erzählvorlage **M7.16**. ***Frag-Mal***. Moderationskarten in drei Farben und Stifte. Bibelblatt *Jesus* (**M2.14**) und Grundtext **G3.7** für alle Kinder. Lied *Du bist der Ich-bin-da* (**M1.13**).

- ***Anfangsritual*** (für Bibel-Erzählstunden)
- ***Einstimmen*** mit den Bildkarten. Jedes Kind wählt eine der Karten und sagt dazu einen Satz mit „Jesus".
- ***Die Bibel öffnen***. Die große Bibel wird aufgeschlagen. Erzählung mit **M7.16**.
- ***Stille Zeit***. Die Kinder schreiben auf Moderationskarten: 1) was sie selbst an der Geschichte wundert, 2) was ihnen gefällt, 3) was sie sich fragen. Die Karten werden in der Mitte abgelegt.
- ***Gespräch***. Die Karten 1 und 2 werden reihum gelesen und zur Kenntnis genommen (ggfs. Verständnisfragen klären).
- ***Fragerunde und Theologisieren***. Das ***Frag-Mal*** geht von Hand zu Hand. Kinder nennen ihre Fragen von den Karten 3). Eine der Fragen wird aufgegriffen und im *Theologischen Gespräch* thematisiert. ERWARTUNGSHORIZONT: Vielleicht taucht die Frage nach dem Wankelmut der Menschen auf. Das Gespräch kann sowohl auf Jesus zentriert geführt als auch auf die Erfahrungswelt der Kinder fokussiert werden: Wer hat mich mal enttäuscht? Wie gehe ich damit um?
- Die Kinder erhalten je ein Bibelblatt und einen Grundtext. Brainstorming zu Gestaltungsmöglichkeiten. ***Hausaufgabe***: Gestaltung der Initiale und eigene Gestaltung des freien Raums.
- ***Abschlussritual*** der Bibel-Erzähl-Stunden mit Lied **M1.13**.

---

8 Die Idee zu diesem Legebild stammt aus Reinhard Horn, Ulrich Walter, Mit dem Friedenskreuz durch das Kirchenjahr. Lieder, Geschichten, Gebete und Rituale, Lippstadt 2010, 68–70.

Einheit 8

Wir gehen weiter

Für diese Einheit benötigen Sie
M8.1, M8.2, M8.3, M8.4, M8.5, M8.6, M8.7, M8.8, M8.9, D8.10, D8.11, D8.12, M8.13, M8.14, M8.15, M8.16, M8.17, G3.8
M1.13, M1.14, M1.16
BM1, BM3, Islam 11–13 BM5, Dialog 7–10 BM6, Deckblatt 8, Spruchband Mt 28,18–20, Denk-Mal-Sätze 11, 14 und 15

Schritt 1: **So viele Geschichten**

Alle Puzzleteile, die im Lauf des Jahres verwendet worden und entstanden sind: die Deckblätter, die Bibelblätter mit Initialen: Gott, Mose, Jesus, David, Lebensweg, Paradies, Psalmverse, Not, Rettung, Himmel, Passion. (Wenn die Kinder sie in ihren Reli-Mappen haben, sollten sie möglichst noch einmal vorgeholt werden.)
Großer Schaumgummiwürfel. Die Artikel 1 und 2 des Glaubensbekenntnisses als Legespiel (**M8.1** und **M8.2** zerschnitten, je zwei- oder dreimal, je nach Gruppengröße)
Wenn Anders- und Nichtgläubige mit in der Gruppe sind, empfiehlt sich eine gemeinsame Runde zur Auswertung der Denk-Mal-Sätze; vgl. den Vorschlag in –> *Dialog 7* **BM6**.

- ***Anfangsritual***
- ***Umbau*** der Klasse, so dass eine große freie Fläche entsteht; L legt die Puzzleteile des Schuljahres als Stapel in die Mitte. Die Kinder sichten sie und legen sie aus. Beim Auslegen entstehen Gespräche darüber, was die Teile zu bedeuten hatten und was wie zusammenpasst. Die Kinder haben ca. 20 Minuten Zeit. Dann holt sich jedes einen Stuhl und setzt sich hin.
- ***Große Gesprächsrunde***. Ein Kind würfelt in die Mitte. Es erzählt zu dem Puzzleteil, auf dem der Würfel liegen bleibt. Dann erhält das Kind, dem der Würfel am nächsten liegt, den Würfel, wirft ihn, erzählt usw.
- Zwischendurch werden die Lieder des Schuljahres gesungen.
- ***Gruppenarbeit***. Die Gruppen erhalten je einen Satz des Legespiels zu Glaubensbekenntnis Artikel 1 oder 2. Sie rekonstruieren den Text und lesen ihn. Sie sammeln Puzzleteile ein, die zu ihrem Teil passen.
- ***Sichtung der Ergebnisse***. Die Gruppen stellen ihre Funde vor. L präsentiert die Teile, die liegen geblieben sind, und fragt noch mal nach, ob sie noch Abnehmer finden.
- ***Aufräumen***
- ***Schlussritual***

Schritt 2: **so viele Wege**

Bewegungslied *If you're happy* (**M8.3**), Meditation *Pfingsten* (**M8.4**), Lied *Komm, sag es allen weiter* (**M8.5**); Stationen *Petrus und Johannes, Philippus, Petrus, Paulus* (**M8.6** bis **M8.9**); für muslimische Kinder gibt es eine Zusatz-Station *Mohammed* (–> *Islam 11* **BM5**); Buntpapier zum Reißen, Gesichtskonturen (**D8.10–D8.12** in mehrfachem Ausdruck). Wenn Nicht- und Andersgläubige in der Klasse sind, finden Sie einen Vorschlag zu Dialog-Sequenzen –> *Dialog 8* **BM6.**

- ***Anfangsritual***
- ***Sitzkreis***. Die Kinder singen das Bewegungslied **M8.3**. L gibt Redewendungen vor, wie „Ich muss ... erzählen!", „Ich berste vor Freude", „Ich werfe meine Freude wie Vögel an den Himmel" ERWARTUNGSHORIZONT: Die Kinder finden Bewegungen für die Redewendungen. Die Kinder erzählen eigene Freuden-Geschichten.
- ***Meditation*** *Pfingsten* über die Freude der Jünger nach Ostern.
- ***Lied.*** **M8.5** lernen und singen. L und Kinder ziehen mit dem Lied durch den Klassenraum und schließlich an die Plätze.
- ***Gruppenarbeit.*** Die Kinder arbeiten arbeitsteilig, pro Gruppe ein Arbeitsblatt. Gemäß den Ideen auf dem Arbeitsblatt entwickeln sie eine Präsentation ihres „Weitersagers" in Bild (Schnipselbild; s. Arbeitsblatt) und Text (s. Arbeitsblatt: *„Ich bin Petrus und mir ist Folgendes passiert"*).
- Die Arbeitsphase endet etwa zehn Minuten vor dem Klingeln mit dem Verwahren der Ergebnisse und dem Aufräumen. ***Hausaufgabe***: Die Präsentation im nächsten Schritt gegenwärtig halten.
- ***Lied***. **M8.5** singen.
- ***Schlussritual***

Schritt 3: **So viele Christen**

Die Präsentationen der Gruppen: die „Weitersager". Kleines Glas oder Schale mit Wasser und ein paar Tropfen Saunaöl. Kerze.
Welt-Wandkarte und / oder Globus; an die Tafel oder eine Moderationswand wird ein Himmelsrichtungenkreuz gezeichnet bzw. geheftet (Wollfaden, Pin-Nadeln). Kärtchen mit Ländernamen (Griechenland, Türkei, Italien, Spanien, Portugal, Frankreich, Deutschland, Ägypten, Algerien, Marokko ...) und Blankokärtchen; ein Kreuz-Symbol in der Mitte der Koordinaten. dünne Tonpapierstreifen (= Strahlen). Wenn mit der Tafel gearbeitet wird: Kreppklebeband o.Ä. Für Muslime und Anders- und Nichtgläube: *Islam 12* **BM5** und *Dialog 9* **BM6**. *Denk-Mal-Satz 11*
Lied *Komm, sag es allen weiter* (**M8.5**)

- ***Anfangsritual***
- Präsentationen der „Weitersager"; dazwischen jeweils das Lied **M8.5** singen. Thematisierung der Taufe als Zeichen der Zugehörigkeit (*Denk-Mal 11: Taufe bedeutet: „Mit Jesus gehen"*).
- ***Tauferinnerungsritual.*** L zündet die Kerze an und erklärt, was geschehen soll: Jedes Kind wird von seinem Nachbarn mit einem Wasserkreuz in die Handfläche gesegnet (Muslimische, anders- und nichtgläubigen Kinder erhalten stattdessen das Zeichen eines lächelnden Gesichtes).
- ***An den Tischen***. Die Länderkärtchen gehen durch die Reihen. Jedes Kind behält die Karte eines Landes, das es kennt; Blankokärtchen werden auf Zuruf von L mit weiteren Ländernamen beschriftet (zum Beispiel Herkunftsländer der Eltern / Familien der Kinder).
- L erläutert die Weltkarte (den Globus) und lädt die Kinder ein, sich über die Lage des Landes auf ihrem Kärtchen auf der Weltkarte zu informieren.
- L erläutert die Perspektive des Himmelrichtungen-Kreuzes: In der Mitte ist das Oster-Geschehen (Jerusalem, Israel, Heiliges Land; Achtung: Das ist EINE Perspektive von vielen; für Muslime ist Mekka die Mitte! –> *Islam 12* **BM5**; *Dialog 9* **BM6**). Einzeln werden die Länder in das Koordinatenkreuz eingeordnet und befestigt.
- L: In all diesen Ländern gibt es Christen (und andere Gläubige). Die Weitersager damals, die waren die Ersten. Frage: Was haben sie wohl gesagt?
- Die Kinder erhalten Tonpapierstrahlen. Sie schreiben darauf den Ostergruß oder einen anderen Satz über die Gute Nachricht (s. Pfingstmeditation **M8.4**) und heften ihren Strahl von der Mitte her an das Himmelsrichtungen-Kreuz (hin zu jeweils ihrem Land). L fotografiert das Ergebnis.
- ***Lied***. **M8.5** singen.
- ***Schlussritual***

Schritt 4: **So viel Freude**

Noch einmal das Himmelsrichtungen-Kreuz mit den Tonpapierstreifen der Kinder und (oder) das entsprechende Foto. *Spruchband Mt 28,18–20*; Lieder *Komm, sag es allen weiter* (**M8.5**), *Strahlen brechen viele* (**M8.13**) *Missionsbefehl* als Legespiel (**M8.14**) für jedes Kind und einmal größer als Plakat, Fragekarten, Glaubensbekenntnis (einmal für die Mitte: aus **M8.1**, **M8.2** und **M8.15**); Lied *If you're happy* (**M8.3**). Kleine Materialtheke: mit allem, was sich aufkleben lässt, um den Heiligen Geist zu gestalten. *Deckblatt* der Einheit für jedes Kind. *Denk-Mal-Sätze 14 und 15*

Für das Gespräch über den Missionsbefehl –> *Islam 13* **BM5** und *Dialog 10* **BM6.**

- *Anfangsritual*
- *Sitzkreis.* Das Foto des Himmelsrichtungen-Kreuzes geht von Hand zu Hand. Die Kinder erzählen dazu.
- *Lied.* **M8.5** singen.; und neu: **M8.13**.
- L legt das Spruchband. Gespräch über das Weitersagen.
- *An den Tischen*. Die Tischgruppen erhalten je einen Satz des Legespiels und puzzeln den Spruch zusammen. Sie beschriften Fragekarten.
- *Sitzkreis*. Der Spruch wird mehrfach laut gelesen. Jeweils eine Gruppe liest dazu eine Frage. Austausch über die Frage, ob dieser Spruch ein „Befehl" ist. ERWARTUNGSHORIZONT: Der Spruch hält fest, was seit dem ersten Osterfest / seit Pfingsten geschehen ist. Vor lauter Freude haben die Jüngerinnen und Jünger weitererzählt, was sie von Jesus erfahren hatten. Das war, als hätte Jesus es befohlen. *Denk-Mal 14: Christen glauben: „Wir müssen weitererzählen, was wir von Jesus erfahren haben."*
- *Liede*r. **M8.3** und **M8.13** singen.
- L: Das Weitersagen geschieht nicht ganz von allein. Erinnert an die Pfingstmeditation (**M8.4**): Sie sagen: Das macht die Freude. Sie sagen: Das macht der Heilige Geist. L legt und spricht das Glaubensbekenntnis, alle drei Artikel, mit Pausen. *Denk-Mal 15: Christen glauben: „Gottes Geist gibt Freude und Mut."*
- *An den Tischen*. Gestaltungsaufgabe. Die Kinder gestalten das Wort „Geist" als Wortbild.
- *Begehung der Gestaltungen*. Mit dem Lied **M8.5**.
- *Aufräumen* und: Jedes Kind erhält das Deckblatt der Einheit.
- *Schlussritual*

Biblisches Erzählen: Ein Fluch verwandelt sich in Segen

Für die Mitte: Bibel, *Brunnen* (**M1.14**), Bildkarten EL, ET, GE, GS, GO, LH, SK (**BM1**). Für die Mitte: flache Schale mit Wasser und einem Tropfen Saunaöl. Erzähllied *Lass uns heute zu dem Brunnen gehen* (**M1.16**). Bibel und verschiedene Kinderbibeln. Erzählvorlage **M8.16**. ***Frag-Mal***. Moderationskarten in drei Farben und Stifte. Bibelblatt *Bileam* (**M8.17**) und Grundtext **G3.8** für alle Kinder. Lied *Du bist der Ich-bin-da* (**M1.13**).

- ***Anfangsritual*** für Bibel-Erzählstunden
- ***Einstimmen*** mit Tauf-Erinnerungsritual (s. o., Schritt 3).
- ***Die Bibel öffnen***. Die große Bibel wird aufgeschlagen. Erzählung mit **M8.16**.
- ***Stille Zeit***. Die Kinder schreiben auf Moderationskarten: 1) was sie selbst an der Geschichte wundert, 2) was ihnen gefällt, 3) was sie sich fragen. Die Karten werden in der Mitte abgelegt.
- ***Gespräch***. Die Karten 1 und 2 werden reihum gelesen und zur Kenntnis genommen (ggfs. Verständnisfragen klären).
- ***Fragerunde und Theologisieren***. Das ***Frag-Mal*** geht von Hand zu Hand. Kinder nennen ihre Fragen von den Karten 3). Eine der Fragen wird aufgegriffen und im *Theologischen Gespräch* thematisiert. ERWARTUNGSHORIZONT: Vielleicht taucht die Frage nach der Freiheit auf: Hat Bileam eine Wahl? Und nach dem Segen: Ist das Zauberei?
- Die Kinder erhalten je ein Bibelblatt und einen Grundtext. Brainstorming zu Gestaltungsmöglichkeiten. ***Hausaufgabe***: Gestaltung der Initiale und eigene Gestaltung des freien Raums.
- ***Abschlussritual*** der Bibel-Erzähl-Stunden mit Lied **M1.13.**

Materialien

- Materialien, die in den Einheiten mit **M** gekennzeichnet sind, finden Sie auf den folgenden Seiten als Kopiervorlagen – nach Einheiten, in der Reihenfolge ihres Vorkommens. Das digitale Material wird fortlaufend mitgezählt.
- Materialien, die in den Einheiten mit **D** gekennzeichnet sind, finden Sie als digitales Material im Internet auf www.v-r.de. Der Zugangscode befindet sich auf der Titelseite. In diesem Band kommen Grundtexte dazu, die mit **G** gekennzeichnet sind.
- Das digitale Material ist nach Einheiten und Schritten geordnet und gekennzeichnet. Zusätzlich gibt es die Basismaterialien, die in allen vier Schuljahren eingesetzt bzw. fortgeschrieben werden: ***Frag Mal***, neu ***Denk-Mal***, *Jahresuhr* und *Schatzkiste* mit Kartensatz. *Elternbriefe 1–9* in **BM4,** *Islam 1–13* in **BM5** und neu *Dialog 1–10* in **BM6**, die einheitenunabhängig abgelegt sind.
- Die *Spruchbänder* finden Sie gesammelt am Ende des Materialteils, auf Seite 158 und zum Kopieren noch einmal im digitalen Material.
- Die Denk-Mal-Sätze finden Sie ebenfalls gesammelt am Ende des Materialteils, auf Seite 157.
- Eine Übersicht, die Ihnen den geplanten Lernfortschritt für alle vier Grundschuljahre auf einen Blick zeigt, finden Sie ebenfalls bei den Basismaterialien.

Verlag und Autorin wünschen Ihnen viel Freude und Erfolg mit den Materialien.
Göttingen, im Dezember 2014

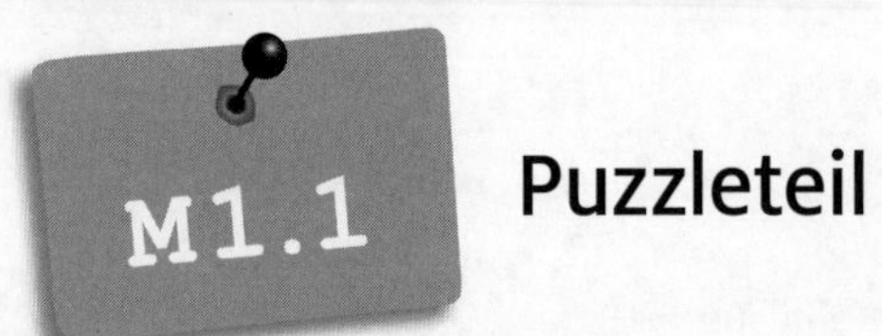

M1.1 Puzzleteil

Tipp: Auf festeres Papier kopieren, entlang der Konturen ausschneiden (lassen)

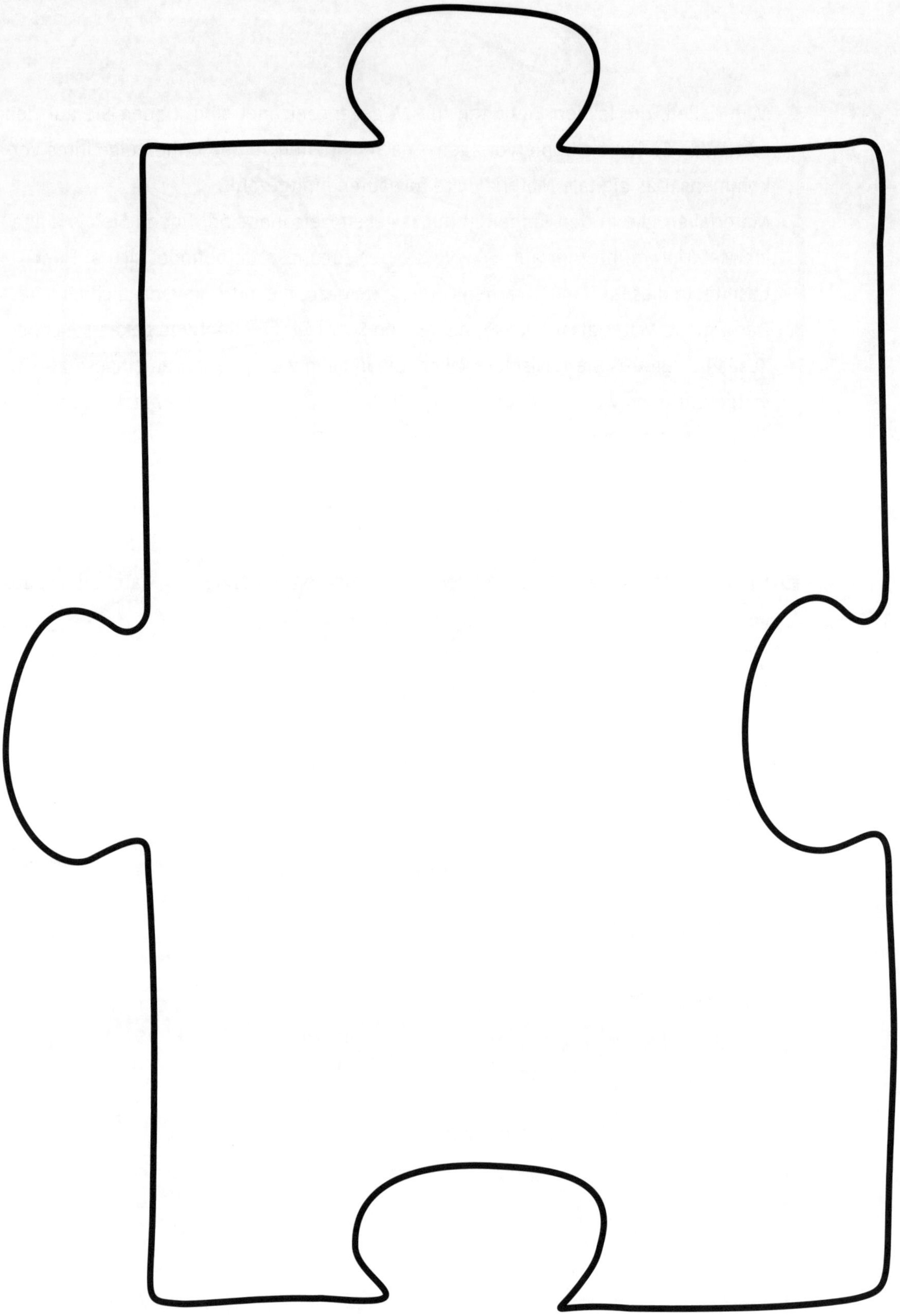

M1.2

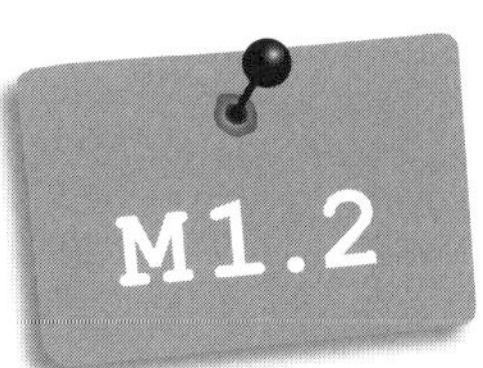

Puzzleteil *Weg*

Tipp: Auf festeres Papier kopieren, entlang der Konturen ausschneiden (lassen)

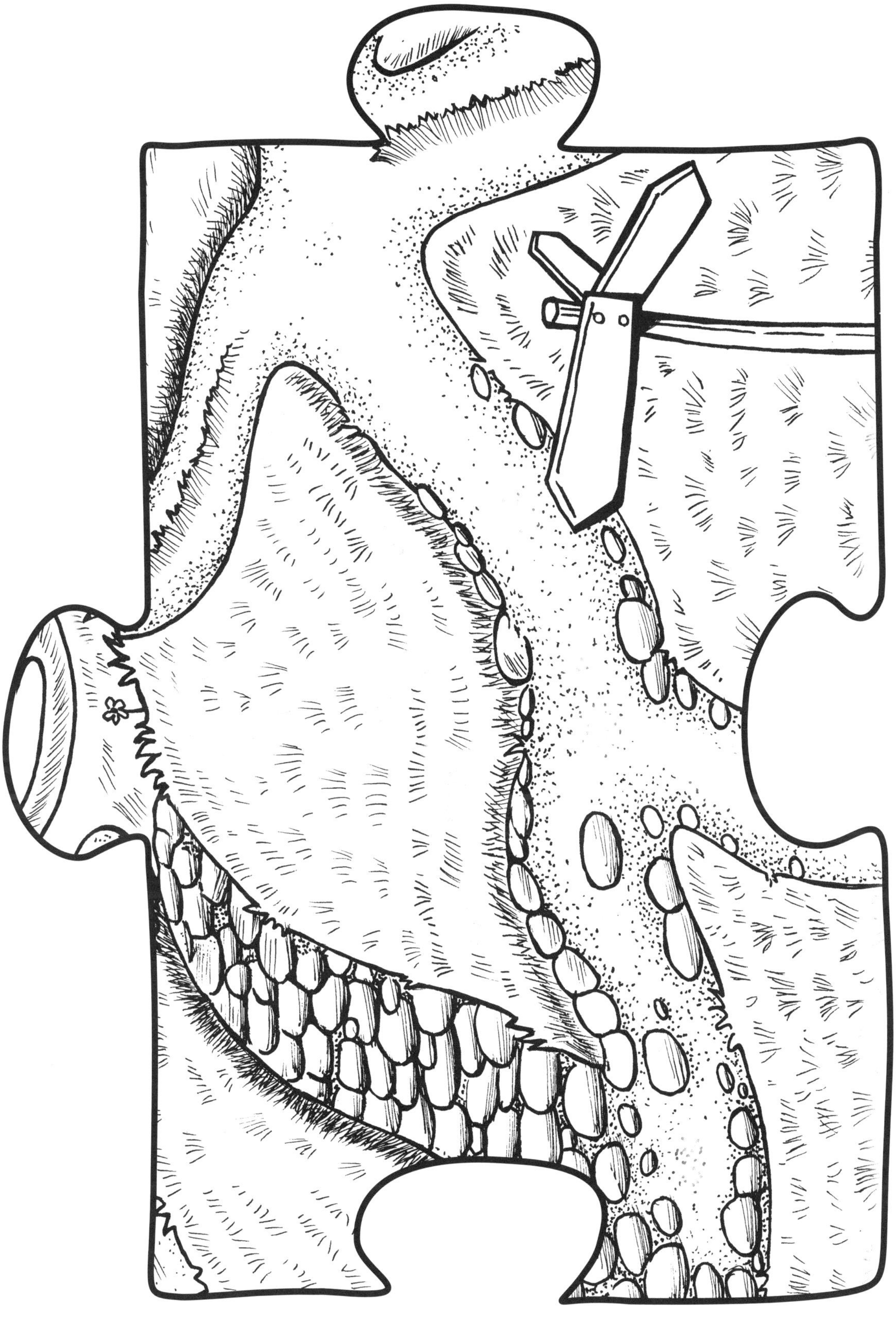

M1.3

Erzählung *Jakobs Segen*

Wisst ihr noch: Segen? Segen ist wie ein Band zwischen Gott und mir. Es bedeutet: Gott geht mit mir mit, in guten und in nicht so guten Zeiten. Durch Dick und Dünn, könnte man sagen. Über sonnige Wiesen und durch dunkle Täler. Wie ich das merke? Vielleicht so wie ein junger Mann in einer alten Geschichte:

Jakob. Er war auf der Flucht. Man könnte sagen: Er hatte Mist gebaut. Er hatte seinen Vater betrogen und seinem Bruder etwas weggenommen. Segen. Wie das geht? Das kann ich auch nicht genau sagen. Jedenfalls: Nun war sein Bruder hinter ihm her und Jakob war auf der Flucht.

Nachts, in der Einsamkeit, baute er sich ein Lager. Er war müde und erschöpft. Aber er konnte lange nicht einschlafen. Schlechtes Gewissen, denkt ihr? Ja, vielleicht. Sorge und Angst? Auf jeden Fall.

Und dieser Segen, dachte er vielleicht auch, dieser Segen – was nützt er mir jetzt? Und da – ob er nun eingeschlafen ist oder nicht, wer weiß? – da hatte er diesen Traum: Jakob sah eine Leiter zwischen Erde und Himmel. An der stiegen Engel auf und ab. Und oben auf der Leiter stand Gott, der Herr des Segens. Und er sprach. Er sprach zu Jakob – er sprach die Worte unseres Spruches:

Gott spricht: „Siehe, ich bin bei dir und will dich behüten, wo du hinziehst, und will dich wieder nach Hause zurückbringen. Und ich will dich nicht verlassen, bis ich alles getan habe, was ich dir versprochen habe."

nach 1 Mose 28,15

Segen, dachte Jakob später. So ist das mit dem Segen. Er wirkt. Tag und Nacht, in hellen und in dunklen Zeiten. Und er stand am Morgen auf und hatte neue Kraft. Er war noch immer auf der Flucht. Aber er war nicht mehr einsam.

M1.4

Lied *Er hält die ganze Welt in seiner Hand*

Traditional, Verfasser unbekannt

2. *Er hält den Tag und die Nacht in seiner Hand,*
   er hält die Erde und den Himmel in seiner Hand,
   er hält das Land und das Meer in seiner Hand,
   er hält die Welt in seiner Hand.

3. *Er hält die Sonne und den Mond in seiner Hand,*
   er hält den Wind und den Regen in seiner Hand,
   er hält den großen Regenbogen in seiner Hand,
   er hält die Welt in seiner Hand.

4. *Er hält die Bäume und die Büsche in seiner Hand,*
   er hält die Tiere auf dem Felde in seiner Hand,
   er hält die Vögel und die Blumen in seiner Hand,
   er hält die Welt in seiner Hand.

5. *Er hält den Vater und die Mutter in seiner Hand,*
   er hält den Bruder und die Schwester in seiner
   Hand, er hält das süße kleine Baby in seiner Hand,
   er hält die Welt in seiner Hand.

6. *Er hält auch dich und mich, mein Bruder,*
   in seiner Hand,
   er hält auch dich und mich, mein' Schwester,
   in seiner Hand,
   er hält auch euch, meine Freunde, in seiner Hand,
   er hält die Welt in seiner Hand.

Lied *Ich möcht, dass einer mit mir geht*

T und M: Hanns Köbler

2. *Ich wart', dass einer mit mir geht, / der auch im Schweren zu mir steht, / der in den dunklen Stunden / mir verbunden. Ich wart', dass einer mit mir geht.*

3. *Es heißt, dass einer mit mir geht, / der's Leben kennt, der mich versteht, / der mich zu allen Zeiten / kann geleiten. / Es heißt, dass einer mit mir geht.*

4. *Sie nennen ihn den Herren Christ, / der durch den Tod gegangen ist, / er will durch Leid und Freuden / mich geleiten. / Ich möcht', dass er auch mit mir geht.*

M1.6

Anfangsritual

Die Kinder bedienen sich aus einer kleinen Auswahl von Rhythmusinstrumenten (Handpauke, Klangstäbe, Kastagnetten, Triangel). Sie stehen hinter den Stühlen des Sitzkreises. Auf ein Signal hin setzen sie sich im Uhrzeigersinn in Bewegung, unterstützen ihre Schritte mit den Instrumenten.

L als Ansager/in:

Wir sind schon einen Weg gegangen vom Wecken bis hierher.
Wir sind am Morgen aufgestanden, mit Recken und mit Strecken.

Die Kinder recken und strecken sich im Gehen.

Wir sind ins Bad getappt – tipp-tapp.

Die Kinder trippeln voran.

Wir sind zum Frühstückstisch geschlurft – moin, moin.

Die Kinder schlurfen.

– Richtungswechsel –

Wir sind gerannt zum Bus.

Die Kinder rennen.

– Richtungswechsel –

Wir sind geradelt – hoppla hopp.

Die Kinder treten imaginäre Pedale.

Wir sind die Treppen hochgestiegen.

Die Kinder steigen imaginäre Stufen hinauf.

Wir haben unsere Taschen abgeladen.

Die Kinder werfen imaginäre Lasten ab.

Wir sind schon einen Weg gegangen. Jetzt sind wir hier!

Die Kinder nehmen Platz.

M1.7

Meditation *Lebensweg*

Setz dich entspannt hin. Wenn du willst, schließ die Augen. Hinter den Augenlidern wohnen Bilder – deine ganz eigenen Bilder. Mit meinen Worten will ich sie rufen.

Ich rufe einen Weg. Siehst du ihn? Einen Weg, der sich vor dir erstreckt. Vielleicht ist er gerade, vielleicht gewunden. Siehst du Bäume? Siehst du Blumen? Häuser vielleicht, schöne Gärten. Sieh ganz weit voraus: Was siehst du da? Siehst du die Linie, wo sich Himmel und Erde berühren – irgendwo in der Ferne? Im Unbekannten.

Lass deine Augen zurückwandern zu dem Punkt, wo du stehst – auf dem Weg. Du siehst: Du stehst nicht am Anfang des Wegs. Du bist schon einen Weg gegangen. Dreh dich in deinen Gedanken langsam um.

Siehst du? Hinter dir ist der Weg, den du gekommen bist. Erkennst du ihn? Es sind Häuser auf dem Weg, den du gekommen bist, Häuser und Räume.

Hinaus aus dem Klassenraum der ... [Name der gegenwärtigen Klasse] ... gehst du und zurück in die Klasse davor [der 2a o. Ä.]; damals warst du noch jünger ... Halte kurz inne: Wie war das letztes Jahr? In Klasse 2? Was war da anders als heute? Was ist da Besonderes passiert?

Du gehst weiter zurück: Klasse 1 ... Schon so lange her. Erinnere dich an deine Einschulung ... Wie war das? ... Wer hat dich begleitet? Wer ist mit dir zur Schule gegangen? ...

Du verlässt das Schulgebäude und gehst den Weg weiter zurück. Siehst du – da! Deine KiTa! Weißt du noch, wie es da aussah? Welche Farben, welche Formen? Weißt du noch, wie es da roch? Was es in der Frühstückpause gab? Apfel? Brot? Saft? Weißt du noch, wie deine Erzieherin heißt? Und die Kinder in deiner Gruppe? Welches Spielzeug – siehst du, siehst du es? Und draußen, den Spielplatz? ... Erinnere dich ... erinnere dich: Was ist da Besonderes passiert?

Geh noch ein Stück weiter zurück. Geh zurück nach Hause. Aber nicht heute, noch nicht: Geh zurück in die Zeit, als du klein warst ... Erinnere dich ... An Weihnachten vielleicht, an Spiele, an Besuch ... Was ist da Besonderes passiert? ...

Genug, genug für diesen Augenblick! Nun komm zurück. Lass deine Augen zurückkehren zu dem Punkt, auf dem du stehst. Heute. Auf dem Weg. Und dann: zurück auf deinen Platz. Klasse 3. In Reli ...

Lied *Ausgang und Eingang*

Text und Kanon: Joachim Schwarz

Meditation zum Psalm 23

- Weißt du, was die Schafe auf Israels Weiden brauchen? Sie brauchen Wasser.
- Weißt du, was die Schafe auf Israels Weiden brauchen? Sie brauchen grünes Gras.
- Weißt du, was die Schafe auf Israels Weiden brauchen? Sie brauchen Schutz vor den Feinden, und wenn sie verloren gehen, einen, der sie wiederfindet.

Mit einem Wort: Sie brauchen einen Hirten. Ein Hirte tut all das: zum Wasser führen und auf grüne Auen, vor Feinden schützen, wiederfinden. Ein guter Hirte tut noch mehr: Er kennt seine Schafe beim Namen. Er ruft sie und sie kennen seine Stimme. Sie hören und sie kommen und sie folgen voll Vertrauen. Und dieses Vertrauen ist wie Mut und Kraft und Glück. Mit einem Wort: Es ***erquickt.*** David ist so ein Hirte, endlich ist er groß genug und er ist gut. Noch nie hat er ein Schaf verloren. Noch immer hat er vor seinen Schafen gestanden in aller Gefahr, noch immer wiedergefunden, was verloren ging.

Heute geht es David gut. Er hat eine saftige Weide gefunden, die Schafe grasen friedlich. Und David sitzt und schaut, die Füße genüsslich im Wasser. Und weil es ihm so gut geht, nimmt er die Harfe und singt: *„Ich bin ein guter Hirte. Meinen Schafen mangelt es an nichts. Ich führe sie auf grüne Aue und zum frischen Wasser. Ich erquicke sie und führe sie auf rechtem Pfad. Und wenn es hart auf hart kommt: Ich steh vor ihnen und ich beschütze sie. Ich bin ein richtig guter Hirte."*

Die Nacht kommt. David zieht die Schultern hoch. Es wird eine gefährliche Nacht. Er kann es spüren. Wölfe werden kommen. Er kann sie hören. Wölfe sind nahe. Er riecht sie. Und David schürt das Feuer und nimmt ein Scheit. In der einen Hand den Stecken, in der anderen den brennenden Scheit – so geht er und stellt sich vor seine Schafe. „Weg von meinen Schafen, ihr Wölfe! Bleibt weg!" Für einen Augenblick ist alles möglich. Dass David weichen muss oder die Wölfe. Dann, plötzlich, ziehen sie sich zurück. Und David atmet auf. Er geht zurück zum Feuer und fühlt: Die Knie sind ihm weich geworden. Und ein Gedanke macht sich breit: „Das kann auch mal schiefgehen mit den Wölfen." So ein Gedanke, einmal gedacht, findet Nahrung. „Das kann auch mal schiefgehen mit den Geiern. Mit den verlorenen Schafen. Das kann auch mal schiefgehen mit mir – dass ich stürze, dass ich mich verirre ..."

Und weil die Nacht so schwarz ist und Davids Schrecken groß, da nimmt er seine Harfe und singt ein anderes Lied: „Wer ist mein guter Hirte?", singt er. „Denn ich führe meine Schafe auf grüne Auen und zum frischen Wasser. Ich erquicke sie und führe sie auf rechtem Pfad. Ich stehe vor ihnen und ich beschütze sie. Doch wer, o Gott, steht vor mir?"

Jede Nacht hat einmal ein Ende, auch die schwärzeste. Und auch nach Davids Nacht wird wieder Tag. Und David erwacht und schreckt gleich auf! Er ist am Feuer eingeschlafen, viel zu lang. Und nun ist heller Tag – und seine Schafe ...? Angstvoll sieht er sich um. Und atmet auf. Sie sind da. Sie sind alle noch da. Sie haben noch viel Gras zum Weiden. David hat Zeit für ein Frühstück. Und für ein Lied. Sein drittes Lied vom guten Hirten, das geht so: Der Herr ist mein Hirte. Mir wird nichts mangeln. ...

s. Psalm 23 (M3.22)

Lied *Du bist der Ich-bin-da*

Text: Rolf Krenzer
© Dagmar Krenzer-Domina (RN Rolf Krenzer)

2. Du bist gestern und morgen,
nah und verborgen,
Du bist der ICH-BIN-DA!

3.Du bist laut und ganz leise,
Hunger und Speise.
Du bist der ICH-BIN-DA!

4. Du bist Arche und Steuer,
Wasser und Feuer.
Du bist der ICH-BIN-DA!

5. Du bist Sehnsucht und Friede,
Treue und Liebe,
Du bist der ICH-BIN-DA!

6. Lasst uns loben und preisen,
ihm Ehre erweisen!
Halle, Halleluja!

Der Brunnen

Ein „Brunnen“ für die liturgische Mitte der Bibelerzählstunden kann mit wenig Mühe selbst gestaltet werden: geformt aus Knet-, besser Modelliermasse (selbst härtend) oder – aufwändiger – aus Ton:

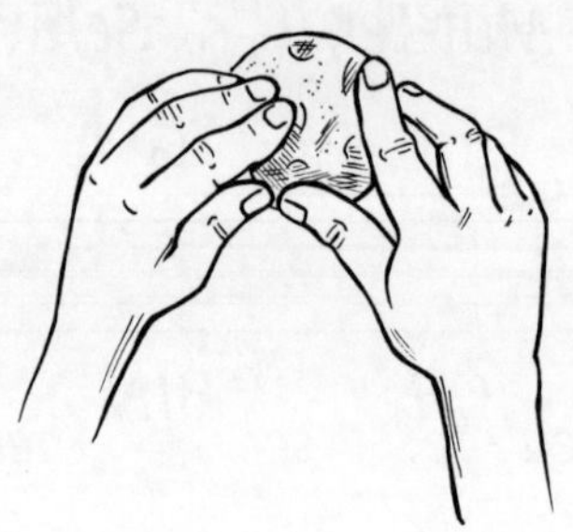

Varianten: Es gibt Brunnen im Bibelpüppchen-Format zu kaufen, z. B. im Internetshop des Verlages Junge Gemeinde (www.junge-gemeinde.de); oder:
Man verwendet eine flache Glasschale / einen Krug als Symbol für „Brunnen“.

Wasser des Lebens – Worte des Lebens

Beim Erstgebrauch ist im Gespräch mit den Kindern zu klären: Wofür steht das Symbol „Brunnen“ im Zusammenhang mit der Bibel? Zum Beispiel so:

- Woran merkst du, dass jemand oder etwas lebt?
- Wenn ich ein Bild vom Leben malen sollte, würde ich das so malen: ...
- Leben ist für mich wie ...
- Leben ist ...

Mit den Bildkarten EL, ET, GE, GS, GO, LH, SK:

- Jesus hat mal gesagt: „Leben ist mehr als Essen und Trinken und Kleidung“ ...
- Jesus kannte verschiedene Bilder für „Leben“: Licht, Weg, Brot, Wasser, Wort ...
- „Taufe“ verbindet Menschen mit Gott – bei Gott ist das wahre Leben ...

Das Theologische Gespräch ist ergebnisoffen – es geht nicht um eine „Klärung“, sondern um die Öffnung eines Assoziationsfeldes. Für dieses stehen in der Erzählkreis-Mitte der Brunnen und die Bibel.

M1.16

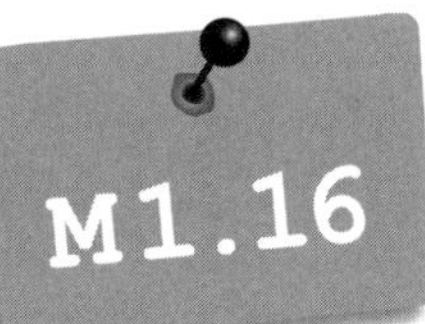

Lied *Lasst uns heute zu dem Brunnen gehen*

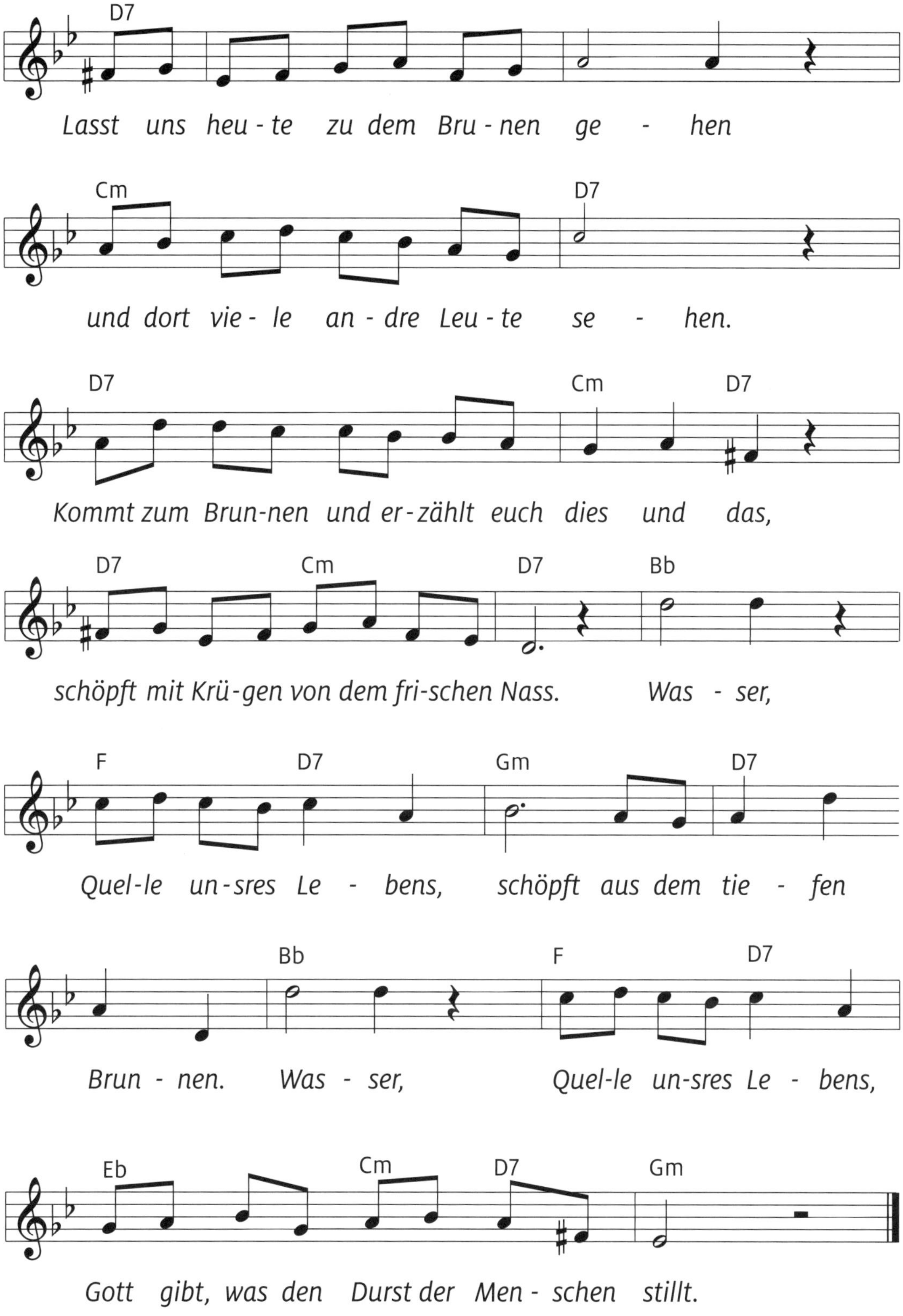

D7
Lasst uns heu - te zu dem Bru - nen ge - hen
Cm D7
und dort vie - le an - dre Leu - te se - hen.
D7 Cm D7
Kommt zum Brun-nen und er - zählt euch dies und das,
D7 Cm D7 Bb
schöpft mit Krü-gen von dem fri-schen Nass. Was - ser,
F D7 Gm D7
Quel-le un-sres Le - bens, schöpft aus dem tie - fen
Bb F D7
Brun - nen. Was - ser, Quel-le un-sres Le - bens,
Eb Cm D7 Gm
Gott gibt, was den Durst der Men - schen stillt.

Text: Ulrich Walter
Musik: Reinhard Horn

Erzählvorlage *Gott hat einen Namen*

Materialien: Mose-Figur, evtl. einige Schafe. Zweig aus einem Dornenbusch, z. B. Sanddorn oder Weißdorn.

Eröffnung mit einer EGLI- (oder anderen) Bibelfigur ***Mose***

Er ist Hirte geworden: Mose, das Kind aus dem Körbchen. Seine eine Mutter, die ägyptische Prinzessin, hat zu ihm gesagt: „Du bist ein Prinz." Seine andere Mutter, die, die ihn in das Körbchen legte, hat zu ihm gesagt: „Du bist ein Sklave wie alle Kinder des Volkes Israel. Bis zu dem Tag, an dem wir erlöst werden."
Da ist er Hirte geworden. Besser als Prinz, dachte er sich. Und besser als Sklave. Weit weg ist er gegangen, weg von Ägypten, weg von der Baustelle des Pharao. Du kannst auch sagen: Er ist ein Flüchtling.

L setzt die Figur auf das Tuch, ggfs. einige Schafe dazu.

Heute hat er gute Weide gefunden für seine Schafe. Heute sitzt er im Schatten eines Felsbrockens und sieht seinen Schafen beim Weiden zu. Das Gras ist grün, gelblich-grün. Es fehlt dem Ort an Wasser. Ringsum ist alles ziemlich trocken. Kein Ort für Obstbäume. Hier gedeiht nur Dorngestrüpp.
Dorngestrüpp ... Auf einmal merkt Mose, dass etwas nicht stimmt. Der Dornbusch da hinten – er steht ganz allein – er steht in Flammen! Mose springt auf. Das ist gefährlich, wenn so ein trockener Busch brennt. Im Nu brennt alles andere.
Dann merkt Mose, dass noch etwas nicht stimmt. Der Dornbusch brennt. Aber er verbrennt nicht. „Was für ein Wunder!", denkt Mose. Und langsam tritt er näher. Er zieht seine Schuhe aus. Vielleicht, denkt er, ist dieses Land ja heilig.
Als er näher tritt, hört Mose eine Stimme. Aber niemand ist da. Es ist, als spräche der brennende Busch. „Mose, Mose!" „Hier bin ich", sagt Mose. „Mose, höre: Ich habe das Elend meines Volkes gesehen. Sie sind Sklaven, Mose! Das will ich nicht. Ich will sie erlösen." Mose seufzt. Erlösen! „Sie träumen alle von Erlösung", sagt er. „Ich will sie erlösen", wiederholt die Stimme. „Mose, ich habe einen Auftrag für dich. Führe du sie aus Ägypten." „Ich?", fragt Mose. „Ja, du", sagt die Stimme. „Ich werde bei dir sein."
„Wer bist du denn?", fragt Mose. „Hast du so viel Macht?" Die Antwort kann er nicht verstehen: „Ich bin, der ich bin, und ich bin für dich da. Das ist mein Name." „Ich bin, der ich ...?" Mose stutzt. Das ist beinahe zu schwer für ihn. „Ich bin der Gott deiner Väter, Mose", sagt die Stimme. „Der Gott Abrahams und Jakobs. Und deiner. Ich bin, der ich bin, und ich bin ..." „Ja, ich weiß schon", murmelt Mose. – Weißt du es auch?

Bibelblatt *Mose*

Lied *Eines Tages kam einer*

Text: Alois Albrecht
Melodie: Peter Janssens

2. Eines Tages kam einer,
der hatte eine Freude in seinen Augen,
eine Freiheit in seinem Handeln,
eine Zukunft in seinen Zeichen.

3. Eines Tages kam einer,
der hatte eine Hoffnung in seinen Wundern,
eine Kraft in seinem Wesen,
eine Offenheit in seinem Herzen.

4. Eines Tages kam einer,
der hatte eine Liebe in seinen Gesten,
eine Güte in seinen Küssen,
eine Brüderlichkeit in den Umarmungen.

5. Eines Tages kam einer,
der hatte einen Vater in den Gebeten,
einen Helfer in seinen Ängsten,
einen Gott in seinen Schreien.

6. Eines Tages kam einer,
der hatte einen Geist in seinen Taten,
eine Treue in seinen Leiden,
einen Sinn in seinem Sterben.

7. Eines Tages kam einer,
der hatte einen Schatz in seinem Himmel,
ein Leben in seinem Tode,
eine Auferstehung in seinem Grabe.

Das Wüstenspiel

Variante 1: Bewegungsspiel

Abwandlung von „Fischer, Fischer, wie tief ist das Wasser?“

Auf dem Schulhof. Die Kinder stehen in breiter Front hinter einer mit Straßenkreide markierten Linie. Ein Kind („Mose“) steht ihnen allein gegenüber. Es hat einen großen Schaumgummiwürfel. Zwischen ihnen ist die „Wüste“.

Die Kinder rufen: „Mose, Mose, wie weit ist die Wüste?“

Mose würfelt und antwortet entsprechend: „x Tage“.

Die Kinder rufen: „Und wie kommen wir da durch?“

Mose ruft: „Auf einem Bein“ (oder: im Krebsgang; mit Schlusssprüngen; in Zeitlupe; Fuß vor Fuß ...)
Die Kinder befolgen die Anweisungen. Wer kommt am besten voran? Wer zuerst „Mose“ erreicht, ist der nächste „Mose“.

Erweiterungen

- „Mose“ kann eine weitere Bedingung nennen: „Aber nur die, die im Juni Geburtstag haben“; „aber nur die, die spanisch können“; „aber nur die Mädchen“ ...
- „Mose“ versucht, während die Kinder sich bewegen, eines anzutippen. Das scheidet dann aus.

Variante 2: Im Sitzkreis

Nach den Regeln von „Ich packe meinen Koffer und nehme mit ...“:

L: Stell dir vor, du willst mit einer Karawane durch die Wüste ziehen. Es wird eine weite, heiße Reise. Dein Kamel ist mit vielen Wassersäcken beladen. Mehr kann es kaum noch tragen. Höchstens noch einen kleinen Sack mit deinen allernötigsten Siebensachen ... – Was packst du ein?

Ein Kind antwortet: „Ich packe meinen Reisesack und packe ein: ...“ und nennt EINEN Gegenstand. Das nächste Kind wiederholt den Satz und den genannten Gegenstand und fügt einen weiteren hinzu. Das dritte nennt dann schon drei ... usw.

Meditation *In der Wüste*

Komm mit in ein trockenes weites Land: Die Sonne brennt heiß und Wasser, Wasser ist selten. Gelb ist die Farbe des Landes, gelb wie der Fels, wie Sand, wie vertrocknetes Gras. Dornenbüsche sind gelb. Ja, komm mit in die Wüste ...

Komm mit in eine andere Zeit: eine Zeit ohne Autos und Navi, in eine Zeit der Langsamkeit, der Mühen des Gehens und Wanderns ... Ja, komm mit in die Zeit des Mose.

Mit Mose bist du auf dem Weg, auf dem Weg durch die Wüste. Hinter dir liegt das Land Ägypten, mit seinem breiten, Leben spendenden Strom, dem Nil. Hinter dir liegen Gärten und Felder, saftige Weiden. Hinter dir liegen Mühen und Qualen, Jahre der Knechtschaft, der Sklaverei. Vor dir: ein gutes, ein freies Land, das Land der Verheißung.

Erst einmal ist davon nichts zu sehen. Nur Wüste. Heiß und trocken und gelb. Gelb, überall um dich herum gelb. Die Augen brennen. Die Zunge klebt am Gaumen. Wasser ...

Wüste, Schritt für Schritt. Die Füße schmerzen, die Kinder jammern. Und du: Du schleppst dich dahin. Wohin? Du weißt nicht, wohin. Das Land der Verheißung? Du kannst es nicht sehen. Nur Wüste. Heiß und trocken und gelb.

Mit Mose bist du auf dem Weg. Mose geht voran. Er geht langsam und stetig. Mose, weißt du den Weg? Siehst du das Land, das Land der Verheißung? Mose, siehst du es?

Mit Mose bist du auf dem Weg und mit all den anderen Menschen aus deinem Volk. Das Land der Verheißung – sie wollen es alle sehen. Und sehen doch nur Wüste. Heiß und trocken und gelb.

Wird Mose euch gut führen? Weiß er den Weg? Moses Augen sind immer nach vorn gerichtet. Auf dieses wunderbare, unheimliche Zeichen: eine Wolke am Tag, ein Feuer in der Nacht. Das Zeichen wandert vor euch her. Es geht, wenn ihr geht. Es steht, wenn ihr steht. „Der große Wegweiser“, sagt Mose. Was ist es? Was ist es? Du bist dir nicht sicher. Mose sagt: „Das kommt von Gott.“

Du bist auf dem Weg durch die Wüste. Du bist auf dem Weg mit Mose. Du folgst einer Wolke, einem Feuer und einem Versprechen. Wohin wird dich das führen ...?

Bastelanleitung *Wolken- und Feuersäule*

Ihr seid immer zu zweit: Eine/r gestaltet eine Wolkensäule, der/die andere die Feuersäule. Die beiden Säulen sollen abwechselnd auf das Legebild gelegt werden und dabei den Platz der Mosefigur einnehmen.

Vielleicht so ...

oder so ...

- ***Du brauchst:*** ein Stück Tonpapier in einer Farbe deiner Wahl.
  Schneide es in die Form, die deine Säule haben soll. Nimm Maß an der Mosefigur auf dem Legebild: Die Säule soll Mose ganz abdecken. Und vielleicht ist sie ja auch noch höher und breiter? Welche Form hat sie?
- Berate dich mit deinem Nachbarn. Beide Säulen sollen die gleiche Form und Größe haben.
- Wenn die Säulen zugeschnitten sind, werden sie gestaltet: Wie kannst du „Wolke", wie kann dein Nachbar „Feuer" darstellen? Und, was noch schwerer ist: eine Wolke von Gott, ein Feuer von Gott, ein heiliges Zeichen! Zur Gestaltung stehen verschiedene Materialien zur Verfügung (Materialtheke) und natürlich alle Stifte und Farben.

Lied *Wir haben Gottes Spuren festgestellt*

Dm Gm C Dm C

1. Wir haben Got-tes Spuren festgestellt auf unsern Menschen-

F Gm C7 F Dm

stra - ßen, Lie - be und Wär-me in der kal-ten Welt,

Em-5 A Bb C7 F

Hoff-nung, die wir fast ver - ga - ßen **R** *Zei-chen und Wun-der*

Gm C Dm Am Bb

sahen wir geschehn in längst vergangnen Ta - gen. Wird Gott auch

F Em-5 A Dm

uns-re We - ge gehn, uns durch das Le-ben tra - gen?

Originaltitel: Nous avons vu les pas de notre Dieu, Text: Michel Scouarnec
deutscher Text: Diethard Zils, Melodie: Jo Akepsimas

2. Blühende Bäume haben wir gesehen, wo niemand sie vermutet,
Sklaven, die durch das Wasser gehen, das die Herren überflutet.

3. Bettler und Lahme sahen wir beim Tanz, hörten die Stummen sprechen
durch tote Fensterhöhlen kam ein Glanz, Strahlen, die die Nacht durchbrechen.

M2.7

Die Zehn Gebote

1
Ich bin der Herr,
dein Gott, der dich aus
Ägypten befreit und
durch die Wüste geführt hat; du sollst nicht
andere Götter haben
neben mir.

2
Habe Achtung
vor meinem Namen
und halte ihn heilig.

3
Habe Achtung
vor meinem Feiertag
und halte ihn heilig.

4
Habe Achtung
vor den Menschen,
die dich großziehen
und begleiten;
sorge für sie, wenn sie
alt geworden sind.

5
Habe Achtung
vor dem Leben;
töte nicht.

6
Habe Achtung
vor festen
Beziehungen;
dass du sie
nicht zerbrichst.

7
Habe Achtung
vor dem
Hab und Gut
des anderen;
stiehl nicht.

8
Du sollst nicht
schlecht über
andere reden;
lüg nicht.

9
Sei nicht neidisch
auf das Hab und Gut
deines Nachbarn.

10
Sei nicht neidisch
auf das Glück
deines Nachbarn.

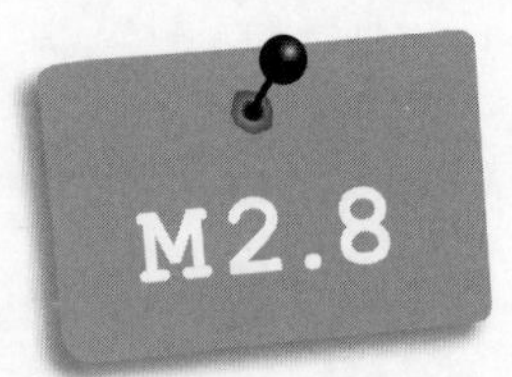

Einführung *Die Zehn Gebote – Schnitzeljagd*

Die Gebote

Auf dem Weg durch die Wüste, so wird es erzählt, hat Mose dem Volk ein Gesetz gegeben: Lebensregeln für das Leben in Freiheit. Lebensregeln für das Leben im Land der Verheißung. Dieses Gesetz, sagt Mose, kommt von Gott. Mose sagt: Gott will, dass sein Volk im Land der Verheißung gut leben kann. Dieses Gesetz: Wir nennen es die „Zehn Gebote".

Meistens werden die Zehn Gebote auf zwei Tafeln abgebildet: Hier die Gebote 1 bis 3, dort die Gebote 4 bis 10. In den ersten drei Geboten geht es um Gott und sein Volk; in den anderen Geboten geht es um Frieden zwischen den Menschen.

Die Schnitzeljagd

Ich habe diese Gebote für euch aufgeschrieben. Ihr könnt sie in der „Wüste" (auf dem Schulhof) verstecken und suchen. Wir machen daraus eine Schnitzeljagd:

- *Phase 1:* Zwei Gruppen bilden
- *Phase 2:* Jede Gruppe bereitet für die andere Gruppe eine Schnitzeljagd vor. Dazu brauchen sie: Verstecke für die Gebote. Hinweise auf die Verstecke. – Beides wird vorher geplant.
- *Phase 3:* Die Gebote werden versteckt, die Hinweise angebracht.
- *Phase 4:* Beide Gruppen begeben sich auf ihre Suche.
- *Phase 5:* Mit allen Zehn Geboten finden sich die Gruppen wieder im Klassenraum ein.

Arbeitsblatt *Die Gebote und ihr Sinn*

Suche dir eines der Gebote aus, die ihr gefunden habt.
Schreibe es auf die Urkunde:

Überlege:
Was kann dieses Gebot dazu beitragen, dass die Menschen des Volkes Israel im Land der Verheißung gut leben?

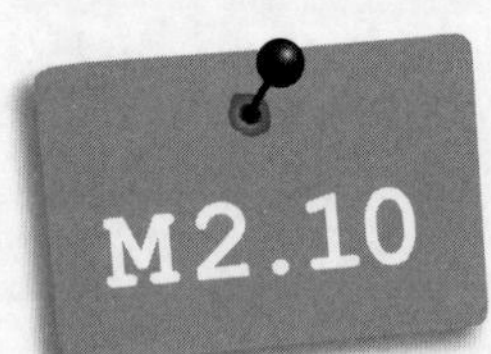

Lied *Vertraut den neuen Wegen*

T: © Klaus Peter Hertzsch

2. *Vertraut den neuen Wegen / und wandert in die Zeit! /*
   Gott will, daß ihr ein Segen / für seine Erde seid. /
   Der uns in frühen Zeiten / das Leben eingehaucht, /
   der wird uns dahin leiten, / wo er uns will und braucht.

3. *Vertraut den neuen Wegen / auf die uns Gott gesandt! /*
   Er selbst kommt uns entgegen. / Die Zukunft ist sein Land. /
   Wer aufbricht, der kann hoffen / in Zeit und Ewigkeit. /
   Die Tore stehen offen. / Das Land ist hell und weit.

Planspiel *Eine Verfassung für das Land der Verheißung*

Stellt euch vor, ihr Wanderer in der Wüste: Ihr habt es geschafft! Ihr seid angekommen! Ihr seid da, im Land der Verheißung, und fangt an, Häuser zu bauen. Und schon kommt es zu ersten Auseinandersetzungen: Wer baut wo? Wer darf das schöne Land am Wasser haben?

Und dann sind die Häuser fertig und ihr fangt an, die Felder zu bebauen. Die Auseinandersetzungen gehen weiter: Wer darf wie viel Land bebauen? Und mit welchem Samen? Am Rande stehen Frauen, deren Männer auf der langen Wanderung gestorben sind. Und alte Menschen, die es gerade noch geschafft haben, mitzukommen. Aber jetzt können sie nicht mehr. Eine Kinderbande hat sich gebildet, schon auf der Wanderung. Sie haben sich zusammengetan. Ihre Eltern sind tot. Die Kinder toben und machen Radau. Was soll aus ihnen werden? Und überhaupt die Kinder: Sie müssten doch lernen! Aber was und wo und wie?

So viele Fragen und Aufgaben: Abgeordnete des Volkes setzen sich zusammen und beraten. In der Mitte zwischen ihnen liegen die Gebote. Sie sind ein Anfang. Aber was das Volk noch braucht, das sind genaue Regeln: Was brauchen wir? Was müssen wir tun? Was dürfen wir, was dürfen wir nicht?

Für die Gruppenarbeit

Ihr seid Mitglieder der Beratung. Ihr seid die, die alles regeln sollen. Und so geht ihr vor:

Schritt 1: Jede/r von euch gibt sich selbst eine Rolle:

- Wie heißt du?
- Wie alt bist du?
- Wer gehört zu deiner Familie?
- Was ist für dich in dem neuen Land besonders wichtig?
- Was willst du in dem neuen Land tun?

Schritt 2: Ihr stellt euch untereinander vor und wählt: eine/n Vorsitzende/n und einen Schriftwart.

Schritt 3: Der/die Vorsitzende leitet das folgende Gespräch:

- Welche Regeln braucht ihr?
- Worauf müsst ihr achten?

Schritt 4: Der Schriftwart schreibt alles auf, worauf ihr euch einigen könnt. Gemeinsam bereitet ihr euch darauf vor, eure Gesetze vorzustellen.

Spielanleitung *Samariter*

Benötigt wird eine freie Fläche (Tische und Stühle an den Rand schieben oder besser: in die Turnhalle, den Musikraum oder einen anderen Raum mit mehr Platz gehen).

L: Jesus hat einmal erzählt, wie Menschen nach Gottes Willen miteinander umgehen sollen. Ich werde es euch weitererzählen und lade euch ein, mitzumachen.

- Die eine Hälfte der Klasse ist ***A***: Ihr stellt euch zu meiner Rechten und macht alles, was ich von ***A*** erzähle, stumm mit.
- Die andere Hälfte ist ***B***, sie spielt alle anderen Rollen.

Alles, was dargestellt wird, geschieht still und ohne Berührung. Ihr habt nur Bewegungen, um euch auszudrücken. Und: Ihr dürft vorrücken bis in die Mitte, nicht weiter.

L erzählt

Ein Mensch, nennen wir ihn ***A***, ritt auf seinem Eselchen von Jerusalem nach Jericho. ***A*** war ein reicher Kaufmann. Er hatte viele Waren aufgeladen.

***A**: Hin und her und ein Stück vor im Trab*

Als er so ritt, kam ein Räuber. Der sah, dass ***A*** reich war, und er freute sich.

***B**: Jubeln, hüpfen, Arme hochreißen*

„Das verspricht reiche Beute", sagte er zu sich selbst. Und er überfiel ***A***. Er zog ihn von seinem Esel. Er schlug ihn, bis er hinfiel und liegenblieb.

***B** spielen den Überfall ohne Berührung. **A**: Taumeln, hinfallen, liegen bleiben*

Er nahm den Esel und verzog sich.

***B** ziehen sich zurück auf ihre Seite*

Als ***A*** da so lag, schwer verletzt, beinahe bewusstlos, da kam ein Mensch, der betete zu Gott.

***B** nähern sich mit gefalteten Händen.*

Als er den Verletzten sah, betete er noch mehr – und ging weiter.

B ziehen sich zurück auf ihre Seite.

A streckte vergebens seine Hände nach ihm aus.

A: *Hände ausstrecken, dann zurückfallen*

Als **A** weiter so dalag, durstig und halb tot, da kam wieder ein Mensch, der betete zu Gott.

B *nähern sich mit gefalteten Händen.*

Als er den Verletzten sah, betete er noch mehr – und ging rasch weiter.

B *ziehen sich zurück auf ihre Seite.*

A streckte vergebens seine Hände nach ihm aus und rief verzweifelt um Hilfe.

A: *Hände ausstrecken, einen stummen Ruf simulieren, zurückfallen.*

Da rollte ***A*** sich zusammen und wollte sterben. Als er da aber so lag und nichts mehr hoffte, kam ein dritter Mensch, ein Fremdling aus Samarien. Der sah sich um und entdeckte den Verletzten.

B *nähern sich* ***A****, bücken sich, schauen.*

Und er sah, was ***A*** nötig hatte ...

B *tun für* ***A****, was sie für richtig halten ...*

Bibelblatt *Jesus*

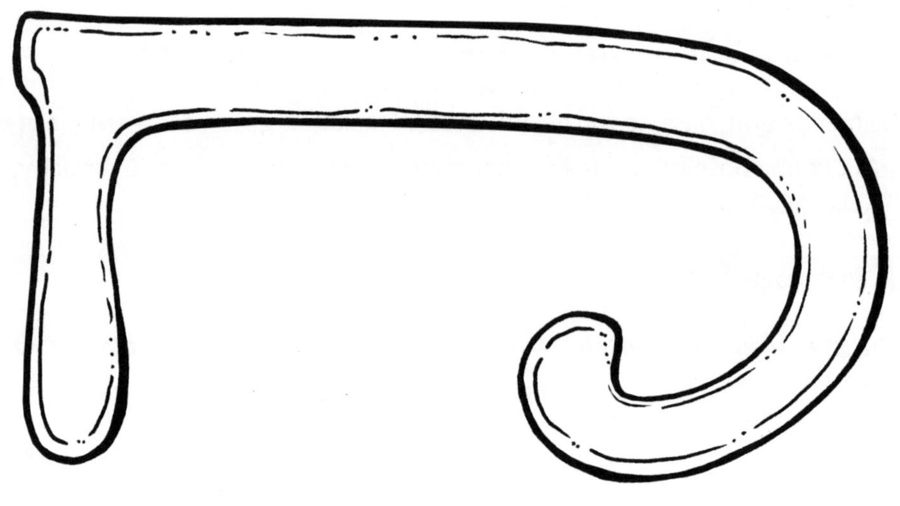

Erzählvorlage *Adam und Eva verlassen das Paradies*

Warum ist das Leben nicht immer nur hell und froh und leicht und glücklich? Das frag ich mich dann und wann. Das haben sich Menschen immer schon gefragt. Und in der Bibel wird diese Geschichte von Adam und Eva erzählt – als eine Antwort auf die Frage. Hört zu und seht, ob ihr die Antwort findet ...

Einleitung

*(Wiederholung dessen, was in **Religion mit Kindern 1** und **Religion mit Kindern 2** schon erzählt wurde)*

Es wird erzählt: Das Erste, was Gott jemals tat: Er formte aus Lehm einen Menschen. Das Zweite: Er pflanzte einen wunderbaren Garten. Das Dritte: Er gab dem Menschen einen Partner. Nennen wir die beiden Adam und Eva.

L stellt zwei Kegel in die Mitte.

Das Vierte, was Gott tat: Er gab den Menschen einen Tipp: zu essen, was sie wollten, in dem Garten. Aber nicht von dem Baum der Erkenntnis von Gut und Böse. „Das tut nicht gut“, sagte er. „Das macht viel Mühe.“

Fortsetzung

Und nun, wird erzählt: Das Leben im Garten war herrlich. Immer nur hell und froh und leicht und glücklich ... „Ein wenig langweilig auf die Dauer?“, fragte wohl bisweilen eine listige Schlange Eva. Und Eva nickte dann und sagte „ja“. Und immer öfter blieb sie dann bei dem Baum der Erkenntnis von Gut und Böse stehen und sah hinauf zu seinen Früchten. „Gut und Böse“, sagte Eva dann wohl. „Was ist das?“

Und eines Tages wollte sie es wissen. So ist der Mensch: Was man wissen kann, will er wissen. Sie aß die Frucht und Adam auch. Und sobald sie gegessen hatten, war da ein neues Gefühl. Es war, als wäre ihnen das Herz schwer geworden. „Das war nicht gut“, sagten sie. Und sie versteckten sich vor Gott.

Da merkte Gott, dass sie von dem Baum der Erkenntnis gegessen hatten. „Jetzt wisst ihr, was Gut und Böse ist“, sagte er. „Jetzt müsst ihr damit leben. Ihr seid erwachsen geworden, meine Kinder. Verlasst den Garten, geht hinaus in die Welt.“

„Welt?“, fragte Eva. „Was ist das?“

„Da ist es manchmal hell und froh, da ist es manchmal dunkel und schwer“, sagte Gott. „Aber eines ist sicher: Langweilig ist es nie.“

„Abenteuer“, sagte Eva und nickte. Sie nahm Adam an die Hand. Und dann brachen sie auf.

Wortbilder *Mut*

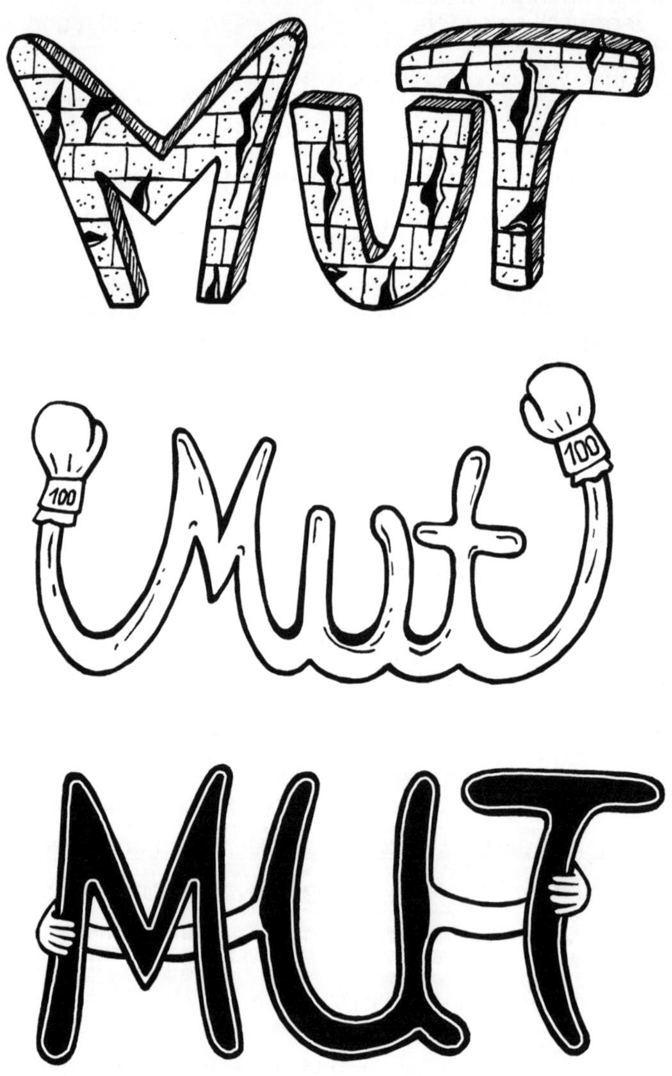

 |

Arbeitsblatt *Die Maus, ihre Angst und Ihre List*

Die Maus und ihre Abenteuer im Wald

Die Maus trifft ihre Fressfeinde: Fuchs, Eule und Schlange. Jedes Mal steckt sie richtig in der Klemme. Die vierte Begegnung ist die schlimmste: Da steht sie vor dem Grüffelo ...

1. Du hast ein Bild aus dem Film vor dir – aus welcher Szene?

Nr.	*Szene*	*Kreuze an*
1	Die Maus trifft den Fuchs. Der Fuchs will sie fressen.	
2	Die Maus hat den Fuchs getroffen. Sie erfindet einen starken Freund.	
3	Die Maus trifft die Eule. Die Eule will sie fressen.	
4	Die Maus hat die Eule getroffen. Sie erzählt von ihrem starken Freund.	
5	Die Maus begegnet der Schlange. Die Schlange will sie fressen.	
6	Die Schlange bedroht die Maus. Diese erzählt von ihrem starken Freund.	
7	Die Maus begegnet dem Grüffelo. Der Grüffelo will die Maus fressen.	
8	Die Maus beweist dem Grüffelo: „Alle Tiere im Wald haben Angst vor mir."	

2. Schreibe zusammen mit deinem Partner / deinen Partnern die Szene auf, und zwar so:

Für die Bilder 1, 3, 5, 7:

Erzähler (erzählt, wie es zu der Begegnung gekommen ist):

____

Welches Tier begegnet der Maus? Was sagt es?

____

Erzähler (beschreibt, wie die Maus sich fühlt):

____

Für die Bilder 2, 4, 6, 8:

Erzähler (erzählt, welches Tier der Maus begegnet ist und was es von der Maus will):

____

Maus (Was sagt sie?):

____

3. Du bist die Maus. Nimm eine Haltung an, die für die Szene typisch ist. Dein Partner hilft dir.

Arbeitsblatt *Wilde Stiere*

Gewaltige Stiere haben mich umgeben,
mächtige Büffel haben mich umringt.
Ihren Rachen sperren sie gegen mich auf
wie ein brüllender und reißender Löwe.

Aber du, Herr, sei nicht ferne,
meine Stärke, eile, mir zu helfen!

Hilf mir aus dem Rachen der Löwen
Und vor den Hörnern wilder Stiere ...

du hast mich erhört!

Oh Gott sei Dank! Auf einmal atme ich frei!
Gelobt seist du, Herr, oh, alle sollen es hören:
Du hast mich nicht verachtet in meinem Elend,
du hast dich nicht abgewandt!
Als ich zu dir schrie, hast du mich gehört.

nach Psalm 22

Dieses Gebet erzählt eine Geschichte: von einer Not, einem Hilfeschrei und von Dank für das gute Ende. Was könnte der Mensch, der so betet, erlebt haben? Erzähle oder erfinde eine passende Geschichte.

Arbeitsblatt *Zerbrochenes Gefäß*

Herr, sei mir gnädig, denn mir ist angst!
Ich habe alles verloren! Mein Auge ist trüb geworden
vor Tränen und matt meine Seele und matt meine Glieder.
Mein Leben ist dahingeschwunden in Trauer,
meine Zeit im Klagen und Seufzen.

Was habe ich getan, Gott! Ich leide darunter!
Andere aber spotten und machen sich lustig.
Sie wenden sich ab, es graut ihnen vor mir.
Die mich sehen auf der Straße, die fliehen vor mir.
Sie wollen mich nicht mehr kennen.

Ich bin geworden wie ein zerbrochenes Gefäß.
Ach, wo ist noch Rettung? Ich glaube gar, sie wollen mich töten!
Ich aber, Herr, hoffe auf dich. Und spreche: Du bist mein Gott!
Meine Zeit steht in deinen Händen.

Komm, rette mich aus der Hand meiner Feinde,
bewahre mich vor denen, die mich verfolgen.

Wie groß ist deine Güte, Herr:
Du rettest die, die auf dich hoffen, du birgst sie in deiner Hand.
Du hörtest mein Flehen, als ich zu dir schrie.

nach Psalm 31

Dieses Gebet erzählt eine Geschichte: von einer Not, einem Hilfeschrei und von Dank für das gute Ende. Was könnte der Mensch, der so betet, erlebt haben? Erzähle oder erfinde eine passende Geschichte.

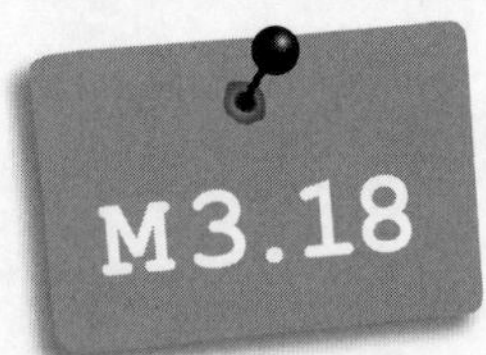

Arbeitsblatt *In tiefem Schlamm*

Oh Gott, hilf mir!
Ich versinke in tiefem Schlamm, wo kein Grund ist.
Ich bin in tiefe Wasser geraten. Die Fluten drohen mich zu ertränken.
Das Wasser steht mir bis zum Hals.
Ich habe mich müde geschrien, mein Hals ist heiser.

Ich bete zu dir, Gott:
Errette mich aus dem Schlamm,
dass ich nicht versinke,
und aus dem tiefen Wasser,
dass die Tiefe mich nicht verschlingt.
Erhöre mich! Erlöse mich!
Oh Gott, hilf mir!

Oh, mein Gott, ich lobe dich:
Die Stimmen der Armen und Ängstlichen hörst du!
Du rettest, du befreist!
Deine Hilfe schützt mich.

nach Psalm 69

Dieses Gebet erzählt eine Geschichte: von einer Not, einem Hilfeschrei und von Dank für das gute Ende. Was könnte der Mensch, der so betet, erlebt haben? Erzähle oder erfinde eine passende Geschichte.

Psalm 23

Der HERR ist mein Hirte,
mir wird nichts mangeln.
Er weidet mich auf einer grünen Aue
und führet mich zum frischen Wasser.

Er erquicket meine Seele.
Er führet mich auf rechter Straße um seines Namens willen.

Und ob ich schon wanderte im finstern Tal,
fürchte ich kein Unglück;
denn du bist bei mir,
dein Stecken und Stab trösten mich.

Du bereitest vor mir einen Tisch
im Angesicht meiner Feinde.
Du salbest mein Haupt mit Öl
und schenkest mir voll ein.

Gutes und Barmherzigkeit werden mir folgen mein Leben lang,
und ich werde bleiben im Hause des HERRN immerdar.

Lutherbibel, revidierter Text 1984, durchgesehene Ausgabe,

Erzählvorlage *Der Hirtenjunge und der „Riese"*

L, mit dem Krieger in der Hand:

So ein Krieger hat's gut. Er hat einen dicken Panzer. Ihm kann gar nichts passieren, oder? Und er hat ein scharfes Schwert und einen Speer. Er kann gegen jeden kämpfen.

Dieser Krieger hier war außerdem noch riesengroß. Sein Name war in aller Munde. Goliat. Ein Name wie ein Fluch. „Sieh dich vor, sonst kommt Goliat", sagten die Mütter, wenn ihre Kinder nicht hören wollten. Die Krieger im Heer der Philister sagten: „Ihr Feinde, seht euch vor: Jetzt kommt Goliat!"

Die Feinde, das waren die Israeliten. Das Volk Israel mit seinem König Saul. Die Krieger der Israeliten hatten dünnere Panzer. Und ihre Waffen waren weniger scharf. Und: Sie hatten keinen Goliat.

Und so standen sie sich eines Tages gegenüber: auf der einen Seite die Philister, auf der anderen Seite die Israeliten. Und sie sagten, sie wären Feinde und sie müssten einander bekämpfen. Aber so richtig anfangen wollte keiner. Das Leben ist vielleicht doch zu schön, als dass man einander totschlagen möchte.

Da hatten die Philister eine Idee. „Goliat", sagten sie. „Goliat soll es richten." Und sie schoben Goliat nach vorn. „Wir brauchen keine Schlacht", ließen sie Goliat rufen. „Wir machen einen Zweikampf. Einer von euch gegen einen von uns. Damit ist der Krieg entschieden."

„Wer gegen wen?", fragte König Sauls Heerführer. Die Idee gefiel ihm gut. „Wer auch immer von euch!", rief Goliat. „Gegen ***mich***!" „Bravo, Goliat!", riefen alle Philister. Und dann begannen sie zu jubeln. König Sauls Heerführer wurde blass und wich zurück.

Die Beratung unter den Israeliten dauerte lange. Sie fanden die Idee mit dem Zweikampf immer noch gut. Aber keiner von ihnen wollte sterben. „Das Leben ist einfach zu schön", dachte wohl der eine oder andere.

„Wer sagt denn, dass ihr sterben müsst?", fragte plötzlich ein Hirtenjunge. „Goliat!", stöhnten die Krieger. Und der König fragte: „Wer bist du? Wie kommst du in unsere Beratung?" „Das ist David, unser Bruder", sagten drei von den Kriegern. „Er bringt uns Brot und Wein vom Vater." Und sie schubsten den Hirtenjungen und zischten: „Sei still."

„Aber ich habe recht!", rief David. „Goliat ist groß und trägt gute Waffen. Aber es gibt mehr als Größe und Waffen. Wenn ihr wollt, will ich es euch zeigen." Die Krieger lachten ein wenig und fluchten ein wenig. Aber weil ihnen nichts Besseres einfiel, sagte König Saul zu dem Hirtenjungen David: „Zeig es uns!"

Und David, der Hirtenjunge, ging hinaus zu dem Riesen Goliat und hatte nur seine Steinschleuder und drei Kiesel vom Fluss. Und während der Riese sich noch wunderte, zielte David und traf Goliat an der Stirn – so dass er tot zu Boden fiel.

Wie jubelten da die Israeliten. Saul aber holte David in sein Zelt und sprach: „Was wolltest du uns zeigen?" David sagte: „Bei Gott sind alle Dinge möglich."

 |

Bibelblatt *David*

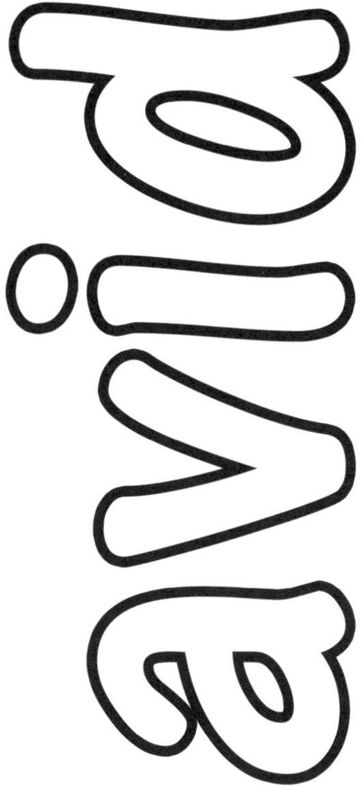

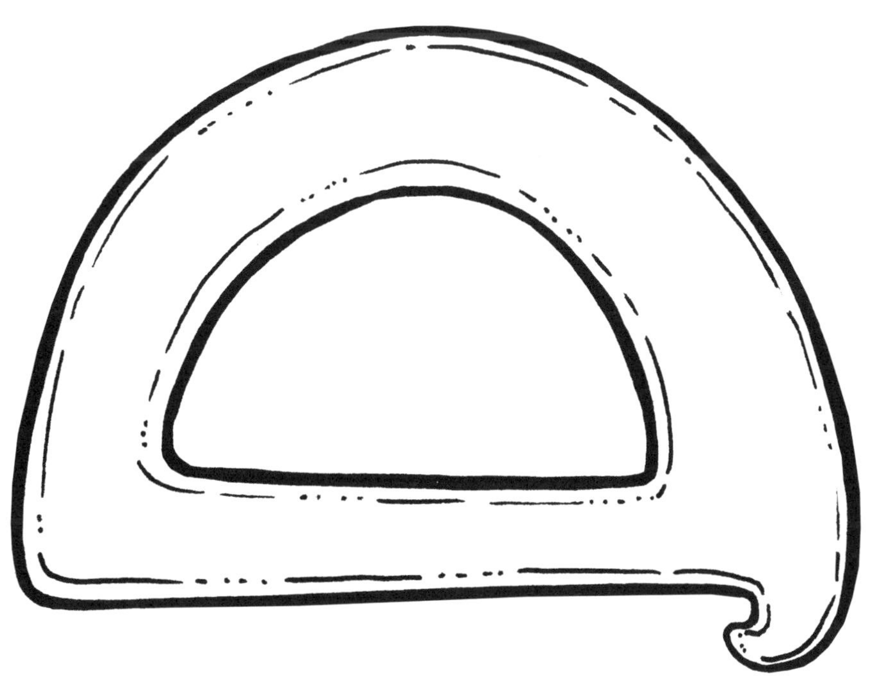

M4.9

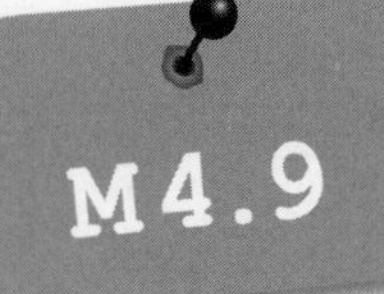

Schmuckblatt *Paradies*

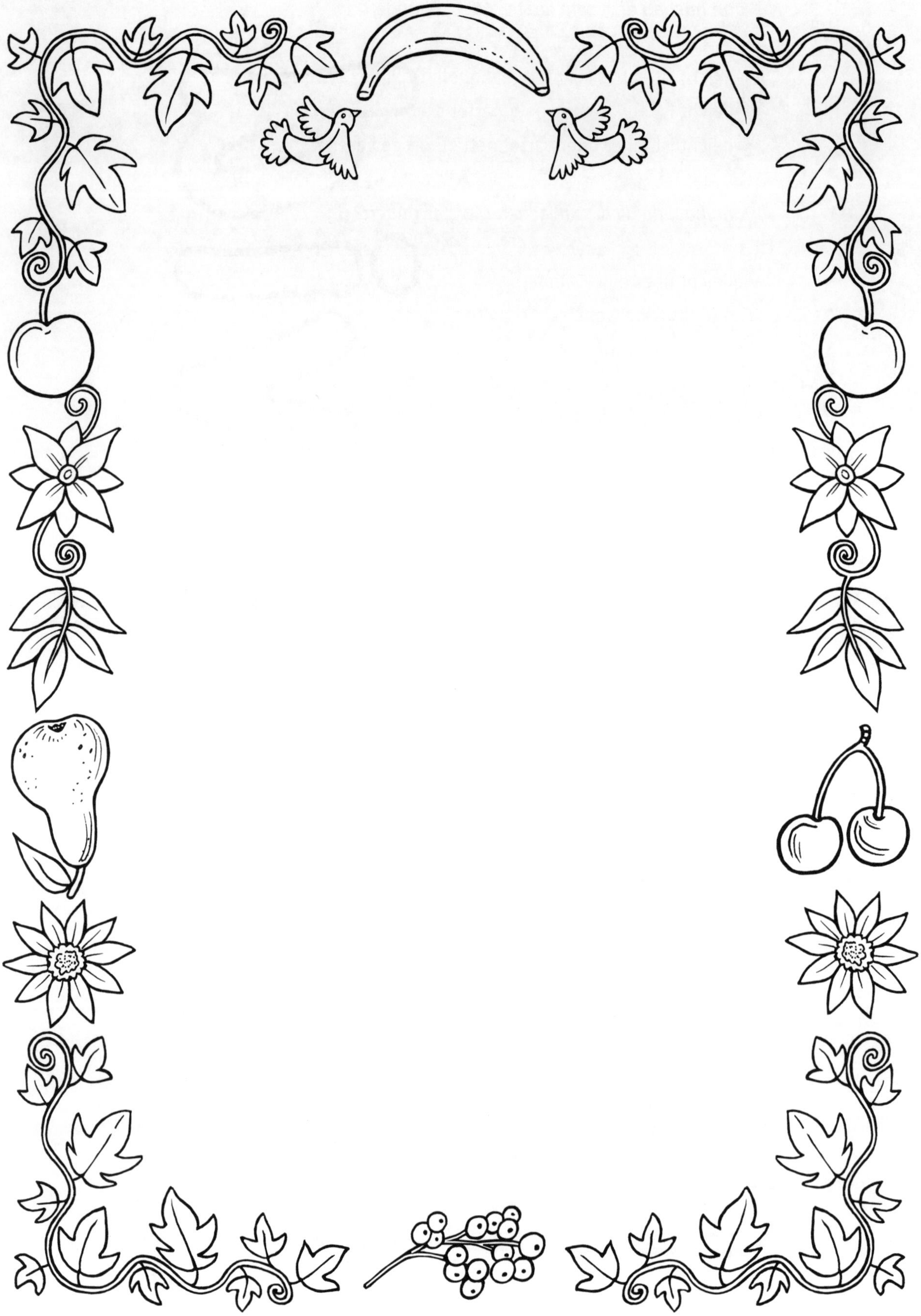

Meditation *Alles gut eingerichtet*

Wann hast du dich zum letzten Mal gewundert?

Vielleicht ist etwas leichter gegangen, als du es erwartet hattest?
Vielleicht ist etwas ganz unerwartet schön gewesen?
Vielleicht ist einer unerwartet nett zu dir gewesen?

Wann hast du dich zum letzten Mal gewundert?

Vielleicht über eine Spinne,
wie sie ihr Netz webt?
Was sie alles kann?
Und dass sie genau das alles kann,
was sie zum Leben braucht.

Wann hast du dich zum letzten Mal gewundert?

Vielleicht über die Sonnenblume im Garten,
wie groß und stark sie geworden ist.
Und doch war sie anfangs nur ein kleiner Sonnenblumenkern.

Wann hast du dich zum letzten Mal gewundert?

Vielleicht über das Leben:
wie gut es eingerichtet ist.
Wie gut alles zusammen passt.
Und wie es sich nicht unterkriegen lässt.

M 4.11 Plakat

Mehr als eine Milliarde
Menschen auf der Erde haben
kaum genug zum Überleben;
rund 30.000 Menschen sterben
täglich an Ursachen,
die mit Armut und Hunger in
Verbindung gebracht werden.

Lied *Wo ein Mensch Vertrauen gibt*

T: Hans-Jürgen Netz
M: Fritz Baltruweit

2. Wo ein Mensch den andern sieht, / nicht nur sich und seine Welt,
ı: fällt ein Tropfen von dem Regen, / der aus Wüsten Gärten macht. :ı

3. Wo ein Mensch sich selbst verschenkt / und den alten Weg verläßt,
ı: fällt ein Tropfen von dem Regen, / der aus Wüsten Gärten macht. :ı

M4.13 Gehört das so?

*Das Bilderbuch „Gehört das so??! Die Geschichte von Elvis" von Peter Schössow (–> **D4.14–D4.16**) erzählt folgende Geschichte:*

Ein Mädchen mit einer roten Tasche läuft durch den Park. Überall trifft es Leute, die ihre Freizeit genießen: beim Chillen, beim Grillen, beim Klönen. Das Mädchen ist sehr zornig. Immer wieder bleibt es stehen und ruft empört: „Gehört das so?" Die Leute wundern sich.

„Elvis ist tot", ruft das Mädchen. Die Leute wundern sich noch mehr. Elvis Presley, der große Sänger, ist schon lange tot. Darüber regt sich keiner mehr auf.

Das Mädchen öffnet die rote Tasche. Darin liegt ein Kanarienvogel, tot. „Das ist Elvis", sagt das Mädchen. Und dass ihr Elvis immer so schön singen konnte.

Gehört das so, dass dieser Vogel, der ihr Freud war, tot ist? Gehört das so? – Das ist die Frage des Mädchens.

Niemand kann diese Frage beantworten. Aber die Leute schlagen vor, eine richtige Trauerfeier für Elvis zu machen – mit Beerdigung und anschließendem Beisammensein bei Kaffee und Kuchen, Tränen, Erinnerungen und Lachen. „Wie es sich gehört".

Beim Kaffeetrinken nach der Beerdigung hat das Mädchen die Gelegenheit, mit den Freunden über Elvis zu reden. Gemeinsam stellen sie sich vor, wie der kleine Vogel mit dem großen Sänger zusammentrifft – irgendwo im Himmel – und wie die beiden zusammen singen. Ein schönes Bild, das Freude macht und tröstet, auch wenn es ungewiss bleibt und offensichtlich nicht ganz ernst gemeint ist.

Als die Feier vorbei ist und sich alle voneinander verabschieden, ist das Mädchen nicht mehr zornig. Wir können sehen: Der Nachmittag mit den Freunden hat ihm sehr geholfen: die festen Formen und vor allem die Gemeinschaft: in Erinnerung und Trost.

Der Traum des Sehers

Ich träumte und in meinem Traum sprach eine Stimme:

Siehe da: die Hütte Gottes bei den Menschen!
Gott wird bei ihnen wohnen.
Sie werden Gottes Volk sein.
Gott selbst, Gott-mit-ihnen, wird ihr Gott sein.

Gott wird alle Tränen von ihren Augen abwischen
und der Tod wird nicht mehr sein,
kein Leid noch Geschrei
noch Schmerz wird mehr sein.
Denn das, was war, ist vorbei.

nach Offenbarung 21

Erzählvorlage *Mose führt das Volk durchs Meer*

Geschafft! Sie glauben, sie haben es geschafft. Die Kinder Israels sind aus Ägypten geflohen. Bei ihnen ist ihr Gott. Und vor ihnen liegt das Land der Verheißung.

Auf einmal: ein Schrei! „Die Ägypter! Die Ägypter kommen!" Sie wenden sich um. Sie sehen: Ein Meer von Kriegern verfolgt sie. Der Schreck fährt ihnen in die Glieder. Sie laufen schneller.

Dann: Wieder ein Schrei! „Wasser! Seht doch vor uns: Wasser!" Sie blinzeln in den Dunst vor ihnen. Ein Meer von Wasser, gerade dort, wohin sie fliehen.

„Oh Gott!", rufen viele. „Was sollen wir tun?" Andere fragen Mose: „Mose, was sollen wir tun? Rette uns. Du bist unser Anführer."

Mose steht still. Er horcht. Er besinnt sich. „Wir gehen mitten hindurch", sagt er dann. Er streckt seinen Arm mit dem Stab aus. „Fürchtet euch nicht", sagt er. „Wir gehen mitten durchs Wasser."

„Aber Mose ... das geht nicht ... wir werden ertrinken!" „Fürchtet euch nicht", sagt Mose. „So spricht Gott, unser großer Befreier: Die Fluten sollen uns nicht ertränken."

Mose setzt sich an die Spitze des Zuges. Die Wolkensäule weicht. Da fürchten sich die Israeliten noch mehr. „Oh Gott", murmeln sie untereinander. „Hat Gott uns verlassen?"

Mose macht den ersten Schritt, den ersten Schritt in den tiefen Schlamm. In die tiefen Wasser. Wo ist Grund? Sie sehen ihn gehen. Er geht unbeirrt. Das Wasser – es scheint vor ihm zurückzuweichen. Hinter ihnen das Meer der Krieger. Vor ihnen das Meer. Und Mose, der es durchquert. Sie überlegen nicht länger. Sie folgen, folgen ihm ins Wasser. Und siehe: Sie werden nicht einmal nass ... nicht einmal die Füße. Die Wasser stehen wie Wände zu ihrer Rechten und Linken. So wird es erzählt.

Und die Ägypter, fragst du? Sie kamen nicht durch das Meer. So wird es erzählt. Sondern am anderen Ufer singt Mirjam, Moses Schwester, ein Lied des Dankes und Lobes. Höre, was sie singt:

> „Groß ist der Gott Israels. Er rettete sein Volk aus den Fluten des Meeres.
> Er rettete sein Volk vor dem Meer der Verfolger.
> Groß ist der Gott Israels. Die Feinde Israels, Ross und Reiter, warf er ins Meer."

Geschafft. Sie haben es wirklich geschafft. Ich höre Mirjams Lied. Und beim Hören frage ich mich: Was ist da geschehen?

Maria hört

Sei gegrüßt, du Begnadete!
Der Herr ist mit dir!
Fürchte dich nicht!
Gott hat etwas Besonderes mit dir vor:
Du sollst Gottes Erlöser zur Welt bringen.
Du sollst ihn Jesus nennen: ***Gott rettet.***
Gott hat viel mit ihm vor:
Man wird ihn Gottes Kind nennen
und einen neuen David.
Er wird ein besserer König sein
als die Könige der Welt
und sein Reich wird keine Grenzen
und kein Ende haben.

nach Lukas 1,28–33

Regeln der Bildbetrachtung

1. Geh mit den Augen auf dem Bild spazieren.
   Lass dir Zeit. Verweile hier und dort.

2. Beschreibe, was du siehst (nur das, was wirklich zu sehen ist!)

3. Erzähle von dem Bild:
   Wie wirkt es auf dich?
   Was gefällt dir?
   Was verwundert oder befremdet dich?

4. Höre, was es über das Bild zu sagen gibt:
   Wie heißt es?
   Wer hat es gemalt?
   In welcher Zeit und mit welcher Absicht?

5. Vergleiche das, was du selbst beobachtet hast,
   und das, was du erfahren hast.
   Wirkt es jetzt anders?
   Sind deine Fragen geklärt?
   Hast du neue Fragen?

6. Wie gefällt dir das Bild?
   Begründe!

Lied *Mit dir, Maria, singen wir*

Text: Eugen Eckert (s. Lk 1, 46–47)
Melodie: J. C. Gianadda

2. Du weißt um Tränen, Kreuz und Leid
Du weißt, was Menschen beugt und biegt.
Doch du besingst den, der befreit,
weißt, dass das Leben letztlich siegt.

3. Dein Jubel steckt auch heute an,
österlich klingt er, Ton um Ton:
Großes hat Gott an dir getan,
Großes wirkt unter uns dein Sohn.

4. Hell strahlt dein Licht durch jede Nacht,
pflanz fort die Lebensmelodie:
Es kommt, der satt und fröhlich macht,
der deinem Lied den Glanz verlieh.

Meditation *Maria geht zu Elisabeth*

Geh mit Maria. Der Weg ist nicht weit. Aber eng und steil, über Stock und Stein, über Höhen, durch Täler. Geh mit Maria. Ihr Herz ist nicht leicht. Es ist voll schwerer Gedanken. Geh mit Maria: Fühlst du die Last? Schwer trägt sie Sorge. Und Freude.

War das ein Traum?
Einen Sohn werde ich haben,
einen Erlöser mit besonderen Gaben?

War das ein Traum?
Ich will gehen und meine Tante fragen,
meine Tante kann es mir sagen.

War das ein Traum?
Ich will in die Berge gehen,
ich will nach meiner Tante sehen.

War das ein Traum?
Oder irre ich mich?
Ich hörte:
Sie ist schwanger wie ich …?

Geh mit Maria. Der Weg ist nicht weit. Aber eng und steil, über Stock und Stein, über Höhen, durch Täler. Geh mit Maria. Ihr Herz ist nicht leicht. Es ist voll schwerer Gedanken. Geh mit Maria: Fühlst du die Last? Schwer trägt sie Sorge. Und Freude.

M5.12

Ave Maria

Elisabeth sagt:

Sei gepriesen, Maria!
Gepriesen das Kind, das du trägst:
Erlöser der Welt!
Wie freue ich mich:
Du kommst zu mir
mit dem Segen des Höchsten.

Denn siehe:
Als du deinen Gruß riefst,
da hüpfte mein Kind
in meinem Bauch.

Ich sage:
Es erkennt das Kind,
das du trägst.

Selig bist du, Maria:
Gott spricht
und du hörst!

M5.13

Maria singt

Meine Seele erhebt den Herrn
und mein Geist freut sich Gottes,
meines Erlösers.
Er hat mich angesehen.
Siehe, alle, die nach mir kommen,
werden sagen:
Selig ist Maria, sie hörte den Herrn!
Und er hatte etwas Besonderes mit ihr vor.

Groß ist der Herr,
geduldig und barmherzig.
Er macht die Großen klein,
die Kleinen aber groß und mutig.
Er nimmt von den Satten
und gibt es den Hungrigen.
Er denkt an seinen Bund mit Israel,
er ist seinem Volk wieder nahe.
Was er versprochen hat Mose
und dem Volk in der Wüste,
das hält er und es wird wahr!

nach Lukas 1,46–55

Arbeitsblatt *Zeitung*

1. Ihr habt eine Zeitung namens *Römische Welt. Lokalausgabe Palästina* erhalten. Eure erste Aufgabe besteht darin, sie gründlich zu studieren.
2. Ihr seid Zeitungsdetektive. Sucht in der Zeitung Antworten auf folgende Fragen:
   1. Wie weit ist Rom, die Hauptstadt des Reiches, von Jerusalem entfernt?

      ____

   2. Wer ist der Anführer des Römischen Reiches? (Name und Titel)

      ____

   3. Was denken die Menschen in den Provinzen über das Römische Reich? *

      ____

      ____

   4. Wie muss ein römischer Beamter reisen, wenn er von Rom nach Jerusalem gelangen will?

      ____

      ____

   5. Welche Religion haben die römischen Herrscher?

      ____

   6. Worauf hoffen die Menschen in der Provinz Palästina?

      ____

      ____

   7. Wo findet ihr in der Zeitung eine Spur von Maria?

      ____

   8. Wo findet ihr in der Zeitung eine Spur von der Geburtsgeschichte Jesu, die alljährlich zu Weihnachten vorgelesen wird?

      ____

*** Achtung: Für die „Sternchen"-Frage sind mehrere Artikel zu berücksichtigen.**

M5.16

Meditation *Kind auf meinem Arm*

Stell dir vor: Maria und Josef bleiben nicht lange in Bethlehem.
Maria kehrt mit Josef nach Nazareth zurück. Denke nur: Was hat sich alles geändert!

- Maria sitzt wieder auf dem Esel.
- Maria ist nicht mehr allein.
- Sie hat ein Kind auf dem Arm.
- Sie hat es sorgfältig eingewickelt – gegen die Sonne, gegen den Staub.
- Das Kind ist klein.
- Du denkst, es ist leicht?
- Nicht schwerer als drei Päckchen Mehl …
- Das Kind ist anders als drei Päckchen Mehl, ganz anders.
- Das Kind ist lebendig.
- Das Kind trägt Hoffnung.
- Du denkst, das Kind ist schwer?
- Schwer wie ein Schatz.
- Maria denkt an die Verheißung.
- Maria ist dankbar und froh.
- Marias Herz ist leicht.
- Leicht wie eine Feder.
- Sie sieht auf das Kind in ihrem Arm.
- Sie könnte laut singen vor Freude.
- Josef lächelt ihr zu.
- Beinahe beginnt sie zu weinen …

Erzählvorlage *Maria*

Eigentlich war es ein ganz normaler Tag. Vielleicht ein wenig heißer als sonst, gleich vom frühen Morgen an. Maria hat ihr Kopftuch zurückgeschlagen, als sie zum Brunnen ging, früh am Morgen, um frisches Wasser zu holen. Ein ganz leichter Wind ist ihr in die Haare gefahren. Der frische Atem des Morgens.

Maria ist zurückgekehrt vom Brunnen, wie üblich. Den schweren Wasserkrug auf der Hüfte. Vielleicht hat sie ein Lied gesummt, wie sie er gern tut, vielleicht ein wenig lauter als sonst.

Hat etwas in der Luft gelegen an diesem Morgen, etwas Besonderes? Maria hat noch etwas Zeit gehabt. Ganz für sich allein hat sie im Hof gesessen, ein wenig gebetet, ein wenig geträumt. Und dann ist es geschehen.

Vielleicht wie ein Hauch, vielleicht wie ein Licht. Wir wissen es nicht. Es wird nicht erzählt. Erzählt wird: Da war ein Engel. Gabriel, der Bote Gottes.

„Sei gegrüßt, du Begnadete! Der Herr ist mit dir!"

Maria hat ihn gehört. Hat sie ihn auch gesehen? Wir wissen es nicht. Erzählt wird: Sie ist erschrocken. Oh mein Gott: Was geschieht mir?

„Fürchte dich nicht! Gott hat etwas Besonderes mit dir vor: Du sollst Gottes Erlöser zur Welt bringen. Du sollst ihn Jesus nennen: Gott rettet. Gott hat viel mit ihm vor: Man wird ihn Gottes Kind nennen und einen neuen David."

Maria hat diese Worte gehört. Hat sie sie fassen können? Gottes Erlöser. Gottes Sohn. Wie groß ist das? „Und ich", hat Maria gedacht, „bin klein."

„Er wird ein besserer König sein als die Könige der Welt und sein Reich wird keine Grenzen und kein Ende haben."

Maria hat diese Worte gehört. Und die hat sie sicherlich verstanden. Ein besserer König – ohne Grenzen, ohne Ende. Oh ja: Das hat sie gut verstanden. Und da ist etwas geschehen: Etwas in ihr hat angefangen zu wachsen: eine Freude, eine kleine stille Freude.

„Alle Dinge sind möglich bei Gott."

Das hat Maria glauben können. Glauben wollen. Sie hat gehört und sie hat JA gesagt. „So soll es sein", hat sie gesagt. „Und ich, ich helfe mit!"

Später ist es wieder ein ganz normaler Tag gewesen: Brot backen, Kleider flicken, waschen ... Aber Marias Freude, die ist nun immer bei ihr gewesen. Wie ein kleiner Samen, der immer weiter wächst. Bis er ein großer Baum ist, in dem die Vögel des Himmels Ruhe finden.

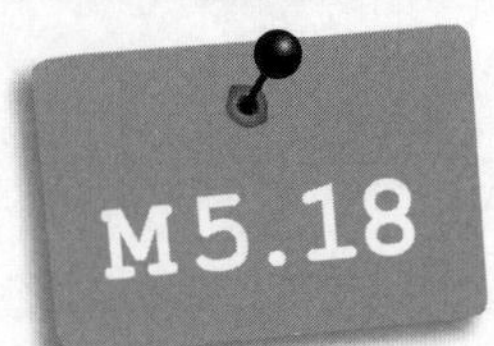

Bibelblatt *Maria*

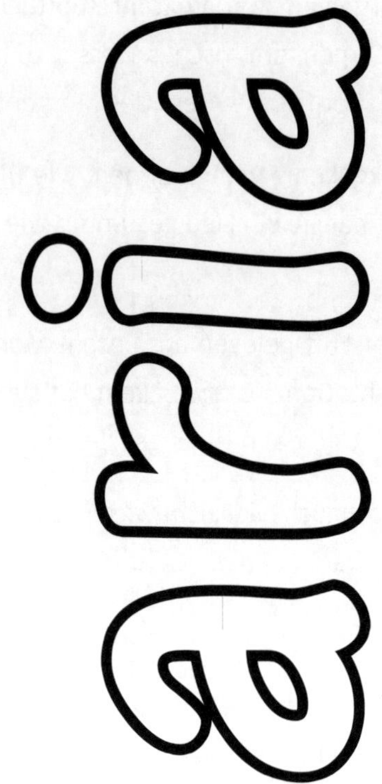

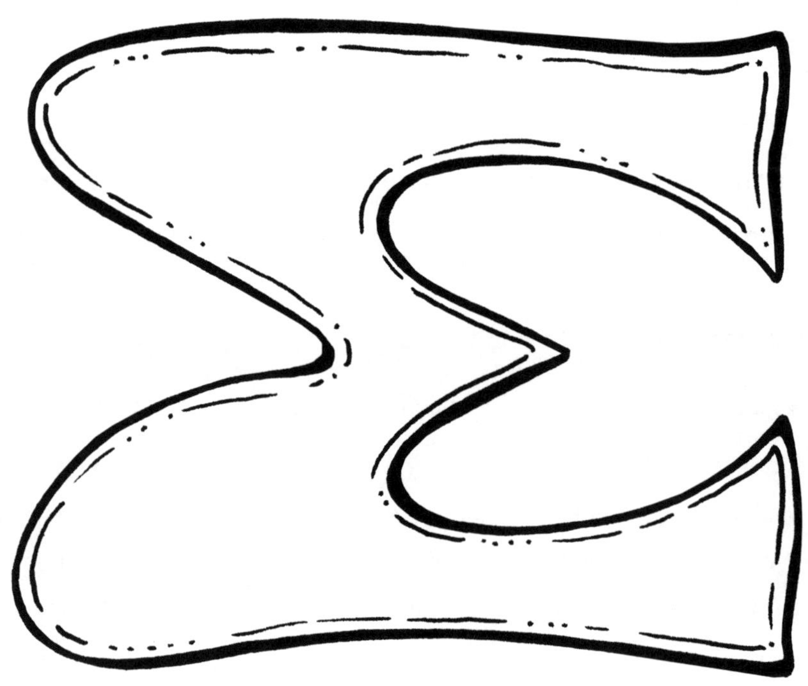

Satzanfänge

1.	Ich finde gut … (wen?)
2.	Ich will so werden wie …
3.	Ich kann mich voll verlassen auf …
4.	Ich wäre gern mal …

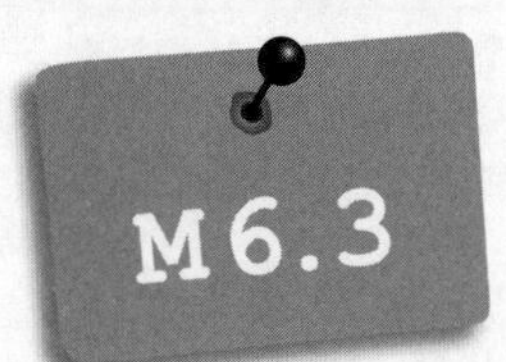

Der Heilandsruf – in Abschnitten

Jesus Christus spricht:

1. Kommt her zu mir, alle, die ihr **mühselig und beladen** seid.

2. Ich will euch **erquicken**.

3. Nehmt auf euch mein **Joch** und lernt von mir; denn ich bin **sanftmütig** und von Herzen demütig.

4. So werdet ihr **Ruhe** finden für eure **Seelen**.

5. Denn mein **Joch** ist **sanft** und meine Last ist leicht.

Matthäus 11,28–30

Arbeitsblatt *Kommt her zu mir*

Kommt her zu mir, alle,
die ihr **mühselig und beladen** seid.

Matthäus 11,28a

Übung 1: Eine „Filmszene“

Da steht einer mit ausgebreiteten Armen. Ein kleines Kind rennt jubelnd auf ihn zu. Es wirft sich in seine Arme. Er fängt es auf, hebt es hoch und wirbelt es ihm Kreis. Das Kind jauchzt.

1. Erzählt die Geschichte, die hinter dieser Filmszene steckt: Wo spielt die Szene? Wer ist der Mann? Wer ist das Kind? Was war vorher?
2. Was denkt und fühlt das Kind? Was denkt und fühlt der Mann?

Übung 2: Das Bild

1. Standbild: Stellt diese Szene nach.
2. Was denkt und fühlt der Mensch links auf dem Bild? Was denkt und fühlt der Mensch rechts auf dem Bild?
3. Angenommen, der Mensch in der Mitte spricht: Was sagt er?

Übung 3: Mühselig und beladen

1. Wie geht einer, der „mühselig“ und „beladen“ ist? Spielt es euch gegenseitig vor.
2. Warum ist einer „mühselig“? Welche Lasten haben Menschen zu tragen? Nennt Beispiele.
3. Was denkt und fühlt einer, der „mühselig“ und „beladen“ ist?

Die Einladung

In euren eigenen Worten: Wen ruft Jesus? Wozu lädt er ein?

Arbeitsblatt *Ich will euch erquicken*

Ich will euch **erquicken**.

Matthäus 11,28b

Übung 1: Assoziationen

Schreibt das Wort „erquicken“ in die Mitte eines leeren Blattes. Jede/r schreibt darum herum, was ihm / ihr spontan dazu einfällt.

Englisch „quick“, „quickly“ / „quick silver“ = Quecksilber

Übung 2: Psalm 23

Erinnert euch an den Hirten David, der seine Schafe weidet: „grüne Aue“, „frisches Wasser“, „er erquicket meine Seele“ – Gestaltet ein Bild.

Übung 3: Wortbild

Gestaltet gemeinsam (oder jede/r für sich) das Wort „erquicken“ als Wortbild.

Das Versprechen

In euren eigenen Worten: Was verspricht Jesus den Leuten, für die er die Arme ausbreitet?

Arbeitsblatt *Nehmt mein Joch ...*

> Nehmt auf euch mein **Joch** und lernt von mir;
> denn ich bin **sanftmütig** und von Herzen demütig.
>
> Matthäus 11,29a

Übung 1: Lexikon

Joch

Das Querholz, das den paarweise vorgespannten Zugtieren über den Nacken gelegt und mit Stricken am Hals befestigt wurde. In der Mitte war es mit der Wagendeichsel oder dem Pflug verbunden. „Unter dem Joch sein" wird daher zum Bild für Sklaverei, Unterdrückung oder Fremdherrschaft.

Mit eigenen Worten: Was ist ein Joch?

Übung 2: Bild

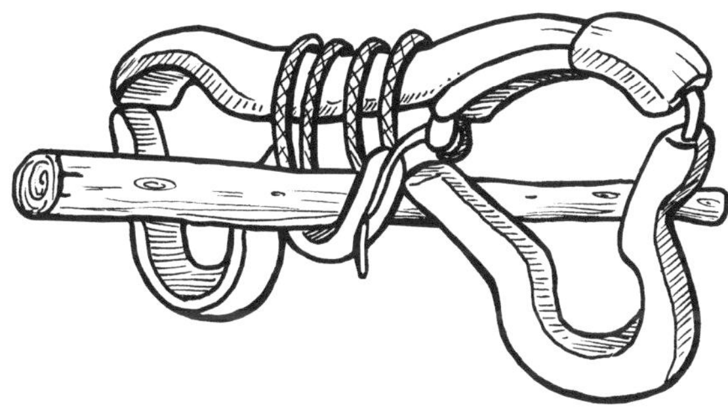

Wer trägt (normalerweise) ein Joch? Was tut der Joch-Träger (normalerweise)?

Übung 3: Assoziieren

Schreibt in die Mitte eines leeren Blattes das Wort „SANFT"; in die Mitte eines zweiten Blattes das Wort „MUT". Die Hälfte eurer Gruppe schreibt um das Wort „SANFT" alles, was ihr einfällt; die andere Hälfte tut dasselbe mit dem Wort „MUT".
Vergleicht die Bilder. Was ist „sanfter Mut"?

Einladung und Versprechen

In euren eigenen Worten: Wozu lädt Jesus ein und was verspricht er?

Arbeitsblatt *Ihr werdet Ruhe finden*

> So werdet ihr **Ruhe** finden
> für eure **Seelen.**
>
> Matthäus 11,29b

Übung 1: Standbild

1. Erzählt euch gegenseitig, wann und wo ihr Ruhe findet.
2. Baut ein Standbild, das „RUHE“ ausdrückt.

Übung 2: Gegensätze

1. Schreibt auf ein leeres Blatt das Wort „RUHE“ und darum herum alles, was euch dazu einfällt.
2. Schreibt auf ein zweites Blatt Wörter, die das Gegenteil von Ruhe bedeuten.

Übung 3: Psalm 23

Erinnert euch an den Hirten David, der seine Schafe weidet: „grüne Aue“, „frisches Wasser“, „er erquicket meine ***Seele***“ – Gestaltet ein Bild.

Das Versprechen

In euren eigenen Worten: Was verspricht Jesus den Menschen, für die er einladend die Arme ausbreitet?

Arbeitsblatt *Mein Joch ist sanft*

Denn mein **Joch** ist **sanft** und meine Last leicht.

Matthäus 11,30

Übung 1: Lexikon

Joch

Das Querholz, das den paarweise vorgespannten Zugtieren über den Nacken gelegt und mit Stricken am Hals befestigt wurde. In der Mitte war es mit der Wagendeichsel oder dem Pflug verbunden. „Unter dem Joch sein" wird daher zum Bild für Sklaverei, Unterdrückung oder Fremdherrschaft.

Mit eigenen Worten: Was ist ein Joch?

Übung 2: Bild

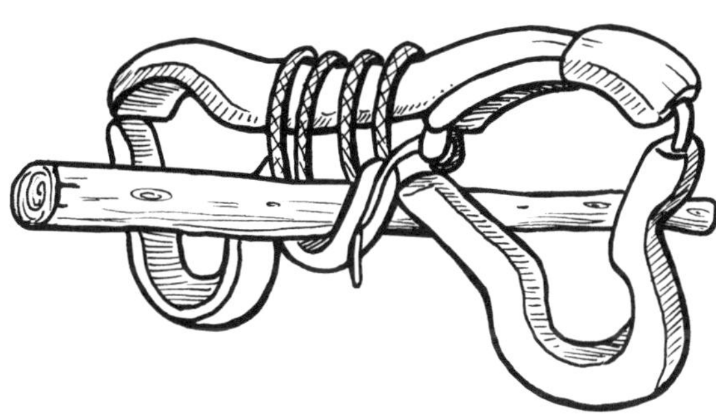

Wer trägt (normalerweise) ein Joch? Was tut der Joch-Träger (normalerweise)?

Übung 3: Assoziieren

Schreibt in die Mitte eines leeren Blattes das Wort „SANFT"; schreibt um das Wort „SANFT" alles, was euch einfällt.
Überlegt euch: Wie könnt ihr zeigen, darstellen, deutlich machen, was „SANFT" ist (Wie es sich anfühlt, anhört ...)?

Versprechen

In euren eigenen Worten: Was verspricht Jesus den Leuten, die er zu sich ruft?

Der Heilandsruf – komplett

Jesus Christus spricht:

„Kommt her zu mir, alle,
die ihr mühselig und beladen seid.
Ich will euch erquicken.

Nehmt auf euch mein Joch
und lernt von mir;
denn ich bin sanftmütig
und von Herzen demütig.

So werdet ihr Ruhe finden
für eure Seelen.

Denn mein Joch ist sanft
und meine Last ist leicht."

Matthäus 11,28–30

M6.12

Ochs und Esel

Was ist das?

Steht im Stall und macht „iahhh".
Steht auf der Weide und frisst.
Wartet am Zaun in Geduld.
Lässt sich zäumen und beladen.
Trägt die Lasten seines Herrn.
Auf dem eigenen Rücken. Schwer.

Was ist das?

Steht im Stall und macht „muh muh".
Steht auf der Weide und frisst.
Liegt im Gras und käut, käut wieder.
Lässt sich vor den Karren spannen,
zieht die Karre aus dem Dreck.
Joch im Nacken. Schwer.

Ochs und Esel,

achtlos dumm genannt,
dafür, dass ihr tragt und zieht.
Alle Jahre wieder aber
habt ihr einen Ehrenplatz:
ganz nahe bei dem Jesuskind,
in Bethlehem im Stall.

Streng oder freundlich?

Lasst die Kinder zu mir kommen und wehrt sie nicht ab!	Wer sich selbst erhöht, der wird erniedrigt werden.
Komm herunter, Zachäus! Ich will heute dein Gast sein.	Wer nicht zu mir hält, zu dem werde ich am Ende auch nicht mehr halten.
Fürchtet euch nicht! Ich bin doch da!	Wer etwas Neues wagt und sich dabei immer wieder umschaut, der kommt nicht voran.
Wo zwei oder drei in meinem Namen versammelt sind, da bin ich mitten unter ihnen.	Mit mir zu gehen, ist richtig schwer. Stellt es euch nur nicht leicht vor.
Und siehe, ich bin bei euch alle Tage, bis an das Ende der Welt.	Ihr könnt nicht Gott dienen und dem Geld.
Ich bin der gute Hirte und kenne die Meinen, und die Meinen kennen mich.	Schwer ist es, Gott nahe zu sein, für den, der reich an Gütern ist.
Friede sei mit euch. Wie mich der Vater gesandt hat, so sende ich euch.	Geht weg von mir – denn ihr habt denen, die arm und einsam sind, nicht geholfen.
Ich bin zu euch gekommen als ein Licht, damit ihr nicht im Dunklen tappt.	Seht zu, dass es nicht einmal zu spät ist, Gottes Nähe zu suchen!

Erzählvorlage *Jesus bricht auf*

Jeder Weg hat irgendwo einen Anfang. Der Weg Jesu zu den Menschen auch. Irgendwann, da war er wohl dreißig Jahre alt und hatte den Beruf seines Vaters Josef erlernt. Da trieb es ihn fort von zu Hause. Ich stelle mir vor, dass er sein Bündel schnürte und zu seinen Eltern sagte: „Es wird Zeit. Ich muss gehen." Ich stelle mir vor, dass Maria genickt hat. Sie kennt ihren Sohn. Sie hat schon darauf gewartet. Josef hat gefragt: „Muss das sein?" Und die Geschwister haben gerufen: „Jesus, wann kommst du wieder?"

Teil 1

Damals gab es einen Mann, von dem alle sprachen. Er war ein Prophet, ein Rufer in der Wüste, und er hieß Johannes. „Gott kommt!", rief er. „Gott kommt euch nahe! Und wehe, wenn ihr dann nicht reinen Herzens seid!" Reinen Herzens ... Die Menschen, die das hörten, machten sich Sorgen. Wer ist schon reinen Herzens?! „Was sollen wir machen, Johannes?", fragten sie. Da erfand Johannes die Taufe. Ein Bad im Fluss Jordan, wie um sich zu waschen. „Und dann fangt ihr noch einmal ganz von vorn an", sagte Johannes. „So, wie es Gott gefällt." So kam es, dass viele Menschen, Erwachsene, zu Johannes kamen und sich im Fluss Jordan taufen ließen. Auch wenn sie nicht recht wussten, was das bedeutet: Gott kommt.

Dann, eines Tages, stand Jesus vor Johannes, so wie die vielen anderen. „Taufe mich." Aber Johannes konnte nicht. Oder wollte nicht. Er sah etwas in Jesus, etwas Wunderbares. „Du brauchst keine Taufe, Herr", sagte Johannes zu Jesus. „Ich glaube aber doch", sagte Jesus. Und während Johannes Jesus taufte, war es, als ob sich der Himmel öffnet. Es war, als ob eine Stimme rief: „Dies ist der Erlöser! In ihm kommt Gott zu den Menschen." Ich weiß nicht, wer diese Worte gehört hat. Jedenfalls: So wird es erzählt.

Teil 2

Der Anfang des Weges, des Weges Jesu zu den Menschen. Seine ersten Schritte – davon muss ich auch noch erzählen. Da geht es geheimnisvoll zu, vielleicht sogar etwas gruselig. Jesus ging in die Wüste. Seltsam: Wollte er nicht zu den Menschen? „Gut Ding will Weile haben", hat meine Oma immer gesagt. Verstehst du das? Wichtige Dinge brauchen Zeit. Und Besinnung. Besinnung findest du leicht in der Wüste. Einsam ist es da und sehr, sehr ruhig.

Es heißt, Jesus fastete – er aß nicht, 40 Tage lang. Saß nur da und besann sich. Bis er es vor Hunger kaum noch aushielt. Da hörte er Stimmen, Stimmen, die ihn in Versuchung führten. „Mach dir aus diesen Steinen Brot. Ich wette, das kannst du." Und: „Mache Engel zu deinen Dienern, dass sie dich tragen. Wenn Gott bei dir ist, werden sie es tun." Und schließlich: „Bau dir einen Königspalast. Mache, dass alle dir dienen. So gehört es sich für die Mächtigen." Aber Jesus wollte nicht hören. „Meine Macht ist nicht für mich", sagte er. „Sondern zur Erlösung für viele." Und Jesus verließ die Wüste und ging seinen Weg.

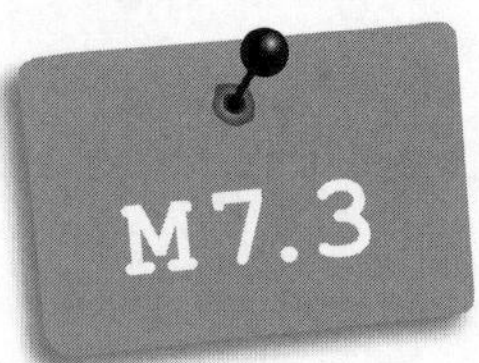

M7.3 Das Heilige Land von oben

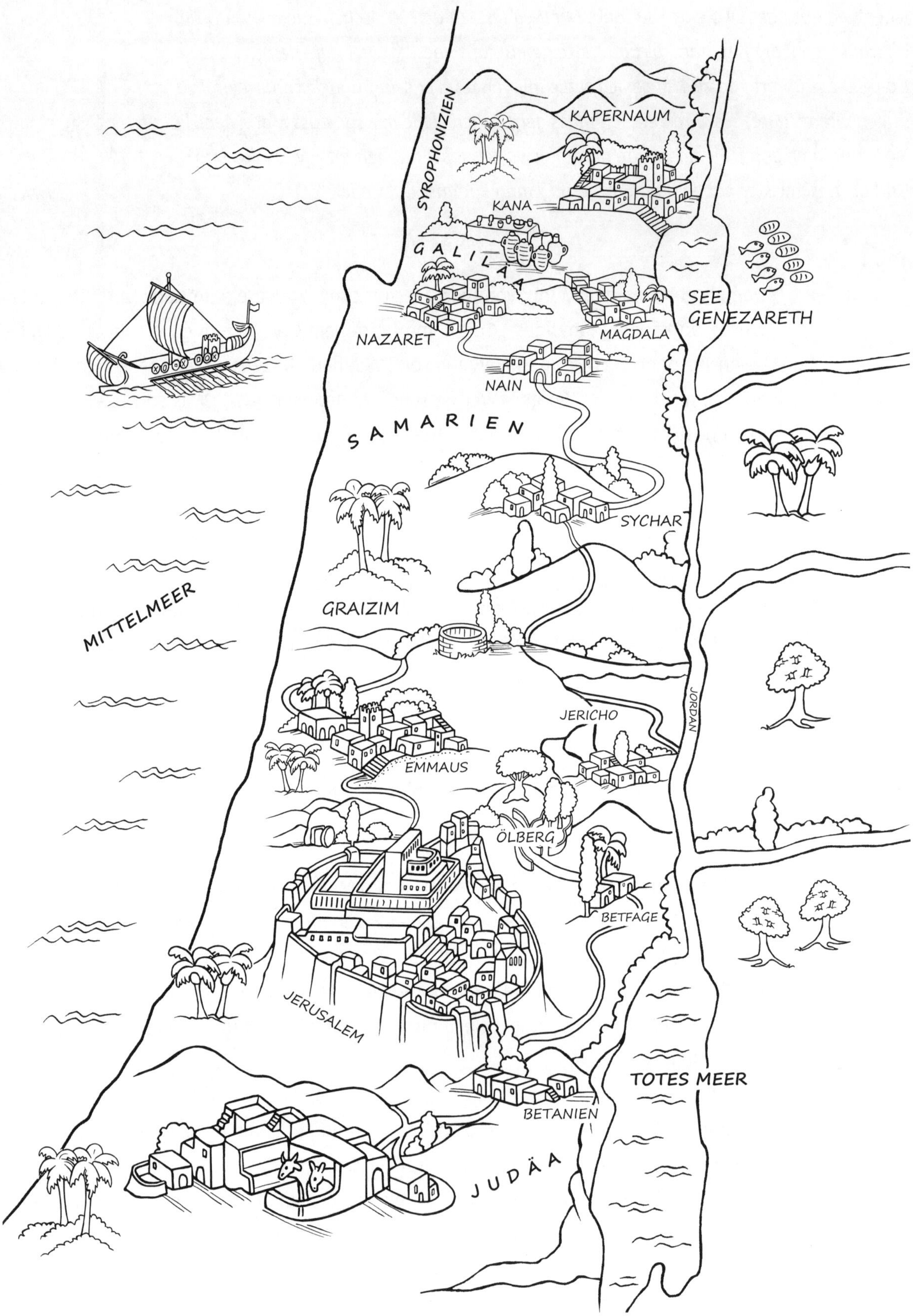

SYROPHONIZIEN
KAPERNAUM
KANA
GALILÄA
SEE GENEZARETH
NAZARET
MAGDALA
NAIN
SAMARIEN
SYCHAR
MITTELMEER
GRAIZIM
JERICHO
JORDAN
EMMAUS
ÖLBERG
BETFAGE
JERUSALEM
TOTES MEER
BETANIEN
JUDÄA

 |

M7.4

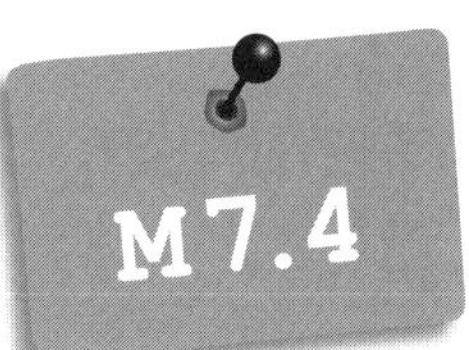

Das Heilige Land von der Seite

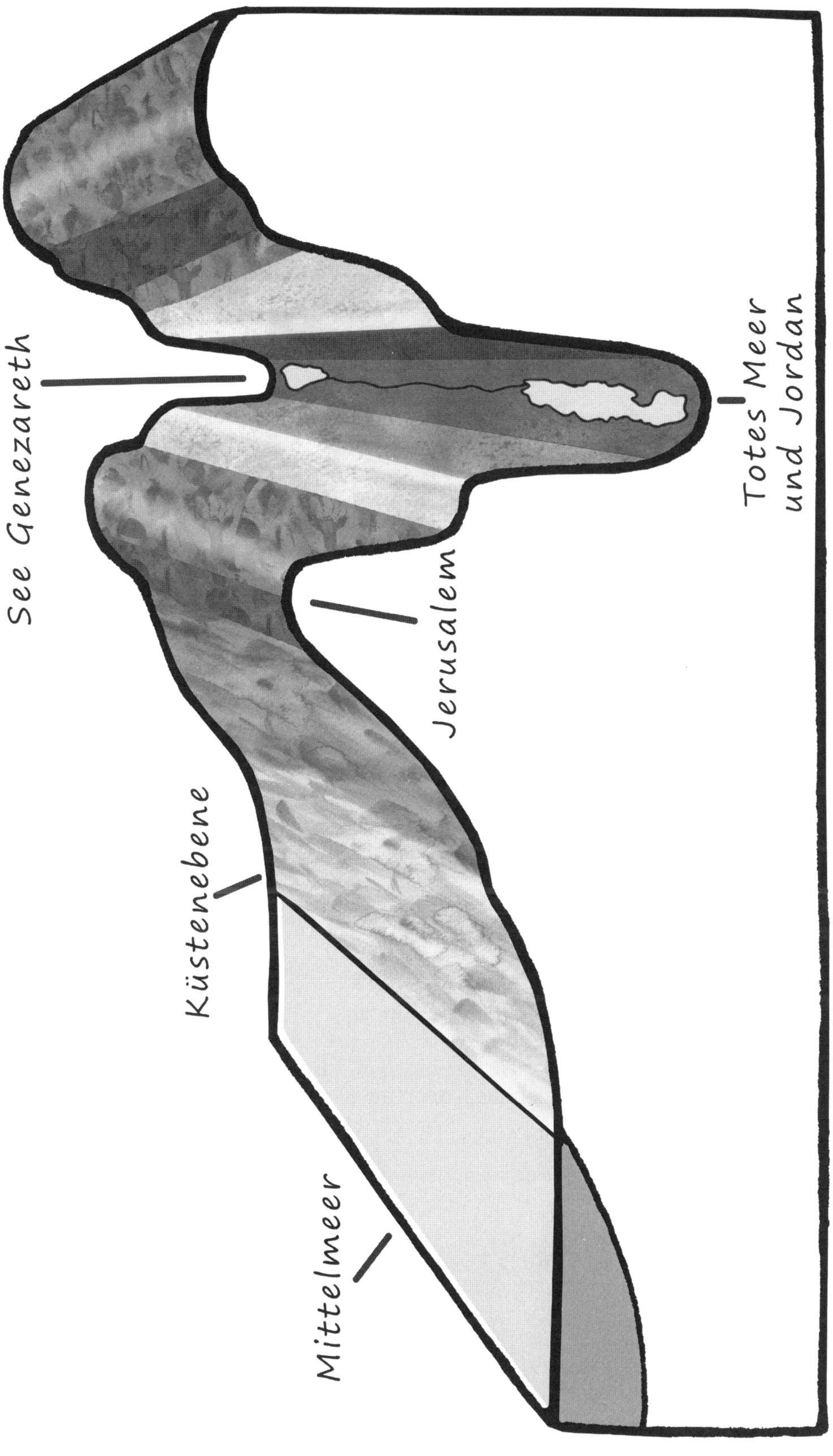

See Genezareth
Totes Meer
und Jordan
Jerusalem
Küstenebene
Mittelmeer

Lied *Geh den Weg*

Text + Melodie: Sydney Carter, dt. Text: Wolfgang Leyk

2. Geh den Weg, geh den Weg, denn du gehst ihn nicht alleine,
   der gute Geist wird stark und hilft dir viel.
   Geh den Weg, geh den Weg, denn du gehst ihn nicht alleine,
   ein guter Geist geht mit dir bis zum Ziel.

3. Geh den Weg, geh den Weg, denn du gehst ihn nicht alleine,
   ein guter Geist macht Mühsal dir zum Spiel.
   Geh den Weg, geh den Weg, denn du gehst ihn nicht alleine,
   der gute Geist geht mit dir bis zum Ziel.

Seht, wir gehen hinauf ...

Und Jesus sprach zu seinen Jüngern:

1	Seht, wir gehen hinauf nach Jerusalem und es wird alles geschehen, was die Propheten verkündet haben von dem Erlöser.
2	Man wird ihn verhaften und verhören, einsperren und quälen und kreuzigen. Er wird sterben.
3	Aber am dritten Tag wird er wieder auferstehen.

Aber seine Jünger verstanden nicht, was er sagte.

nach Lukas 18,31–33

Lied *In der Mitte der Nacht*

Refrain

G D Em

In der Mit - te der Nacht liegt der An - fang ei - nes

C D Em Am

neu - en Tags, und in ih - rer dunk - len Er - de

1. Hm Am D4 3 / 2. D C

blüht die Hoff - nung, blüht die Hoff - nung.

Strophen

Hm

1. Ich will Licht sehn in der Dun - kel -

Em Am C D G Am

heit, die rich - ti - gen We - ge fin - den in der Ein - sam -

D4 Am D4 3

keit. Ich will Licht sehn.

Text: Sybille Fritsch
Musik: Fritz Baltruweit

2. Ich will Licht sein, wenn die Nacht dich schreckt,
   die richtigen Worte finden,
   die die Liebe weckt. Ich will Licht sein.

Refrain

M7.8

Station 1 *Einzug und Abendmahl*

Seite 22 AN D · Nummer 168 NACHRICHTEN

Ein „König“ zieht ein

Jerusalem. Jerusalem bereitet sich auf das Passafest vor. Hunderte von Besuchern strömen täglich in die Stadt. Gestern kam es dabei zu einem merkwürdigen Zwischenfall. Es begann mit einem Menschenauflauf am Stadttor. „Hosianna“-Rufe wurden laut; das heißt: „Hilf doch, Herr“ in der Sprache des Landes. Und dann auch: „Gelobt sei der gesalbte König, der neue König David!“ Die Menge teilte sich und machte Platz für eine seltsame Prozession: An der Spitze einiger Landstreicher schritt ein kleiner Esel. Auf dem Esel saß ein Mann im staubigen Gewand. Die Menschen winkten ihm mit Palmwedeln und warfen Lumpen vor ihm auf den Weg wie einen roten Teppich. Nach einiger Zeit konnten die römischen Soldaten die Menge zerstreuen. Der Spuk schien vorüber. Aber die Frage bleibt: Dieser Mann – ein König?

Das letzte Abendmahl

Am Abend vor dem Passafest sitzt Jesus mit seinen Jüngern am Tisch. Alles ist festlich gedeckt. Das Passalamm ist zubereitet. Brot und Wein stehen bereit. Als sie das Passalamm essen, sagt Jesus: „Das ist nun unser letztes gemeinsames Mahl. Ich bin sehr froh, dass wir noch einmal in Frieden gemeinsam essen.“ Die Jünger sehen ihn fragend an. „Ihr wisst doch“, sagt Jesus: „Ich werde leiden und sterben.“ Dann nimmt er das Brot. Er spricht ein Dankgebet und teilt es. „Seht“, sagt er, „ich gebe euch Brot.“ Und er nimmt den Kelch mit dem Wein. Er spricht ein Dankgebet. „Seht“, sagt er: „ich gebe euch Wein. Zeichen des Lebens. Zur Erinnerung an mich.“

1. Beide Texte gehören zu eurer Station. Lest sie gemeinsam. Was ist da passiert?
2. Welche Bilder seht ihr, wenn ihr die Texte lest? Erzählt sie euch gegenseitig.
3. Einigt euch auf eines dieser Bilder und gestaltet es auf einem Puzzleteil.

M7.9

Station 2 *Verrat und Verhaftung*

Seite 22 AN D · Nummer 168 NACHRICHTEN

Aufrührer verraten und verhaftet

Jerusalem. Noch immer sorgt der Wanderprediger aus Nazareth (wir berichteten) für Aufregung in der Stadt. Sein Auftritt als „König auf einem Esel" hat die Priester beunruhigt. „Er beleidigt Gott", sagte ein hoher Geistlicher unserem Reporter Gaius Scriptor. Auch die römische Verwaltung ist besorgt. „Die Menschen laufen ihm nach", hört man aus unterrichteten Kreisen. „Wird er einen Aufstand anzetteln?" Inzwischen scheint die Gefahr aber gebannt. Unbestätigten Gerüchten zufolge wurde der Mann in der vergangenen Nacht an einem geheimen Ort verhaftet. Einer seiner sogenannten Jünger soll den Behörden verraten haben, wo sich der Verdächtige versteckte. Diese unschöne Geschichte zeigt, mit was für Leuten wir es hier zu tun haben: unzuverlässig und treulos sind sie. Nur gut, wenn dieser Spuk vorbei ist!

Judas

Nach der Verhaftung Jesu sitzen die Jünger zusammen, starr vor Schock

Jünger 1: Judas! Einer von uns ...
Jünger 2: Wie konnte er nur?
Jünger 3: Er hat Jesus die Soldaten auf den Hals gehetzt.
Jünger 1: Was werden sie mit Jesus machen?
Jünger 2: Judas! Einer von uns!
Jünger 3: Wie konnte er nur?
Jünger 1: Wir dachten, dass er Jesus liebt.
Jünger 2: Vielleicht haben sie ihm Geld geboten.
Jünger 3: Wegen Geld? Jesus verraten? Nein, das glaube ich nicht.
Alle: Weshalb dann?

1. Beide Texte gehören zu eurer Station. Lest sie gemeinsam. Was ist da passiert?
2. Welche Bilder seht ihr, wenn ihr die Texte lest? Erzählt sie euch gegenseitig.
3. Einigt euch auf eines dieser Bilder und gestaltet es auf einem Puzzleteil.

M7.10

Station 3 *Verhör und Verleugnung*

Seite 22 AN D Nummer 168 NACHRICHTEN

Anführer nennt sich selbst „Gottes Sohn"

Jerusalem. Das Drama um den verhafteten Wanderprediger aus Nazareth geht weiter. Wie aus unterrichteten Kreisen verlautet, wurde der Mann noch in der Nacht den Behörden vorgeführt. Die Priester seines Volkes erklärten ihn nach kurzem Verhör für schuldig. „Er behauptet, Gottes Sohn zu sein. Was für eine schlimme Beleidigung Gottes!", erzählte einer der Priester unserem Reporter Gaius Scriptor.

Der römische Verwaltungschef Pontius Pilatus soll, wie man hört, nicht sehr beeindruckt von dem Verhafteten gewesen sein. „Der tut keiner Fliege was", soll er gesagt haben. „Das ist kein Fall für die Behörden." Der Mann ist aber immer noch in Haft. Man darf daher annehmen: Die Sache ist noch nicht ausgestanden.

Im Hof des Gefängnisses

Einer der Jünger, Petrus, hat sich getraut: Er sitzt vor dem Gefängnis und wartet. Was wird geschehen? Kommt Jesus wieder frei? Da nähert sich eine Frau.

Frau:	He, du!
Petrus:	Was willst du?
Frau:	Du gehörst zu diesem Jesus, nicht?
Petrus:	Ich? Nein! Unsinn!
Frau:	Aber ich habe dich mit ihm gesehen!
Petrus:	Du irrst dich.
Frau (laut):	He, Wachen! Seht mal! Hier ist einer von diesen Jesus-Anhängern!
Petrus:	Still, sei doch still! Ich versichere dir: Ich kenne keinen Jesus!

1. Beide Texte gehören zu eurer Station. Lest sie gemeinsam. Was ist da passiert?
2. Welche Bilder seht ihr, wenn ihr die Texte lest? Erzählt sie euch gegenseitig.
3. Einigt euch auf eines dieser Bilder und gestaltet es auf einem Puzzleteil.

Station 4 *Verhör und Verurteilung*

Seite 22 AN D · Nummer 168 NACHRICHTEN

Attentäter kommt frei!

Jerusalem. Der verurteilte Attentäter Barabbas kommt frei. Zur Sensation kam es heute Morgen in aller Frühe, als der römische Verwaltungschef Pontius Pilatus sich in der Sache des verhafteten Wanderpredigers aus Nazareth (wir berichteten) an die Menge wandte. Pilatus, der Jesus für unschuldig hielt, sich aber scheute, dem Urteil der Priester zu widersprechen, entschied sich für einen folgenschweren Schritt: Er fragte das Volk. „Einen gebe ich frei!", rief Pilatus in die Menge. „Barabbas oder Jesus! Wen wollt ihr?" Pilatus soll sehr gestaunt haben, als ihm daraufhin ein starker Sprechchor entgegenscholl: „Barabbas, wir wollen Barabbas!" Unser Reporter Gaius Scriptor war live dabei und berichtet: „Pilatus prallte zurück. Hilflos rief er: ‚Was soll ich mit Jesus machen?' Die Menge aber schrie: ‚Kreuzige ihn, kreuzige ihn.'"

Gehört das so?

Die Jünger Jesu trauten sich nicht mehr in die Stadt. Draußen vor der Stadt blieben sie beieinander in dem Haus, wo sie das letzte Abendmahl mit Jesus gefeiert hatten. Am Morgen kamen einige Frauen und erzählten: „Sie haben ihn verurteilt. Sie haben ihn wahrhaftig verurteilt. Zum Tod. Zum Tod am Kreuz." Und der eine oder andere dachte wohl an den Einzug Jesu in Jerusalem. Wie die Menschen ihm zugejubelt hatten: „Gelobt sei der gesalbte König, der neue König David!" Und jetzt ... „Kreuzige, kreuzige ..." Alles aus, dachten sie. Und sie dachten nicht mehr daran, dass Jesus dieses Ende vorausgesehen hatte ...

1. Beide Texte gehören zu eurer Station. Lest sie gemeinsam. Was ist da passiert?
2. Welche Bilder seht ihr, wenn ihr die Texte lest? Erzählt sie euch gegenseitig.
3. Einigt euch auf eines dieser Bilder und gestaltet es auf einem Puzzleteil.

Station 5 *Kreuztragen und Kreuz*

Seite 22 AN D · Nummer 168 NACHRICHTEN

Blutiges Spektakel

Jerusalem. Einmal mehr wurde die Stadt Schauplatz blutiger Hinrichtungen. Die Todesurteile gegen den Wanderprediger aus Nazareth (wir berichteten) und zwei weitere Gefangene wurden gestern im Beisein einer großen Menge vollzogen. Dabei kam es zu einem Zwischenfall. Wie üblich trugen die Verurteilten ihre Kreuze selbst den Hügel hinauf zur Hinrichtungsstätte Golgatha. Der Wanderprediger war jedoch bereits so geschwächt, dass er unter der Last des Kreuzes zusammenbrach. Römische Beamte zwangen einen der Zuschauer, das Kreuz für ihn zu tragen. Wie unser Reporter Gaius Scriptor berichtet, hat diese Szene Unbehagen hervorgerufen. Von „unnötiger Grausamkeit" hörte er murmeln und hier und dort flüsterte es: „Muss das sein?"

Für weiteres Aufsehen sorgten nach der Kreuzigung einige Frauen, die unter dem Kreuz Jesu sitzen blieben und mit ihrem Weinen und Klagen die Menge erschreckten. Der Wanderprediger starb mit einem Schrei auf den Lippen, der wohl so manchem zu Herzen ging: „Mein Gott, mein Gott, warum hast du mich verlassen?" Aus unterrichteten Kreisen heißt es, das sei ein Vers aus einem sehr bekannten Gebet.

Worte Jesu am Kreuz

- Die Evangelisten Markus und Matthäus erzählen: Jesus betete den Psalm 22. Er rief am Kreuz: „Mein Gott, mein Gott, warum hast du mich verlassen?"
- Der Evangelist Lukas erzählt von einem anderen Gebet. Der sterbende Jesus sagte: „Vater, ich gebe mein Leben in deine Hände." Und vorher hat er gesagt: „Vater, vergib ihnen; denn sie wissen nicht, was sie tun."
- Der Evangelist Johannes erzählt von einem friedlichen Tod. Jesus sagte: „Es ist vollbracht."

1. Beide Texte gehören zu eurer Station. Lest sie gemeinsam. Was ist da passiert?
2. Welche Bilder seht ihr, wenn ihr die Texte lest? Erzählt sie euch gegenseitig.
3. Einigt euch auf eines dieser Bilder und gestaltet es auf einem Puzzleteil.

M7.13

Sprechmotette

L: Jesus, die Geschichte deines Leidens berührt uns.
Furchtbar ist es, was Menschen anderen Menschen antun,
damals und heute.

Kinder: Wir rufen wie die Menschen damals: Hosianna! Hilf!

L: Jesus, Menschen hoffen auf dich, damals und heute.

Kinder: Wir rufen wie die Menschen damals: Hosianna! Hilf!

L: Jesus, die Hoffnung der Menschen starb und sie riefen:
Kreuzige ihn, kreuzige ihn.

Kinder: Wir rufen: Hosianna! Hilf!

L: Jesus: dein letztes Abendmahl:

Kind 1: Wie war das, als du das Brot teiltest?

L: Jesus: die Verhaftung:

Kind 2: Wie war das, als die Soldaten kamen?

L: Jesus: der Verrat:

Kind 3: Wie war das, als du Judas bei den Soldaten entdecktest?

L: Jesus: und der andere Verrat:

Kind 4: Wie war das, als Petrus schrie: Ich kenne keinen Jesus?

L: Jesus: dein Weg mit dem Kreuz:

Kind 5: Wie war das, als alle dich leiden sahen?

L: Jesus: da oben am Kreuz ...

Kinder: Wir rufen: Hosianna! Hilf!

Traumreise *Am Ostermorgen*

Dies ist eine Geschichte darüber, wie es weiterging, als Jesus am Kreuz gestorben ist.
Ihr sollt sie gleich selbst ganz hautnah erleben. Ihr macht eine Traumreise.
Dazu setzt ihr euch bequem hin ... schließt die Augen ... schaut nach innen ...
hört auf euren Atem, horcht ganz tief in euch hinein ...

Und nun verwandelt ihr euch. Ihr seid eine der Frauen, die Jesus geliebt und verehrt haben. An diesem Morgen seid ihr traurig. Er ist fort. Für immer. Tot ist tot. Er liegt schon im Grab, einem Felsengrab. In einer Höhle, von einem großen, schweren Stein verschlossen. So ist heute Morgen auch euer Herz, wie dieser große schwere Stein.

Er ist fort, sagt ihr. Aber einmal, einmal wollt ihr ihn noch sehen! Ein großer Wunsch steigt in euch auf. Einmal noch. Und ihm zum Abschied etwas Gutes tun. Ihr habt kostbare Salbe. Die habt ihr euch für etwas Besonderes aufgehoben. Dieses Besondere, sagt ihr, ist jetzt da. Diese Salbe – mit ihr wollt ihr den toten Jesus salben. Der Duft wird zum Himmel steigen. Und vielleicht ... Ach nichts, vielleicht. Er ist tot. Er ist fort. Für immer.

Aber trotzdem. Ihr nehmt die Salbe und geht los. Draußen vor dem Ort, wo er begraben ist, trefft ihr euch: drei Frauen, die Jesus noch einmal sehen wollen und ihm etwas Gutes tun wollen. Mit Salbe in den Händen.

Erst als ihr fast da seid, an dem Ort, wo er begraben liegt, fällt euch der Stein wieder ein. Nicht der Stein von eurem Herzen. Der ist immer da. Aber der Stein vor der Grabeshöhle. Wie schwer der ist! Allein werdet ihr den nicht von der Stelle bekommen. Dann kommt ihr auch nicht in das Grab hinein. Und nicht zu ihm.

Ihr lasst die Arme sinken. Vergebens. Selbst dieser kleine Trost ist unmöglich. Ihr fangt beinahe an zu weinen. Schließlich seht ihr doch noch einmal hin: da hinten, da ist das Grab. Und der Stein – liegt daneben. Der Eingang zur Höhle ist offen! Beinahe hättet ihr gelacht vor lauter Erleichterung. Ihr lauft, ihr rennt. Noch einmal zu ihm, zu Jesus, dem Gott-bei-den-Menschen. Oh, wenn es doch wie früher wäre. Wie vor der Kreuzigung.

Vorsichtig betretet ihr die Höhle. Es ist dunkel. Kühl. Da, wo er liegen muss ... – ist Licht und Wärme. „Jesus?“ Auf einmal hört ihr aus dem Licht, aus der Wärme eine Stimme. „Warum sucht ihr Jesus bei den Toten?“ Das muss ein Engel sein! „Er ist nicht hier. Er lebt. Er will euch wiedersehen. Geht, sagt es seinen Freunden.“ Euch fallen die Salbentiegel aus den Händen. Er ist nicht fort. Er lebt ... Er will uns wiedersehen ... „Ist das wahr?“, wollt ihr fragen. Aber ihr kriegt kein Wort heraus. Ihr dreht euch um und flieht ...

M. Steinkühler, nach Markus 16,1–18

Hier endet der Traum. Hier wacht ihr auf. Horcht auf euren Atem. Er beruhigt sich.
Öffnet eure Augen. Kommt langsam hoch. Reckt euch und streckt euch und schüttelt eure Glieder.

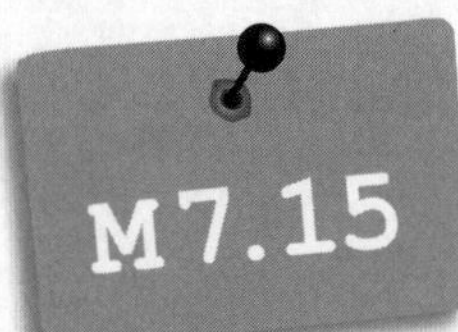

Vorlage *Legematerial*

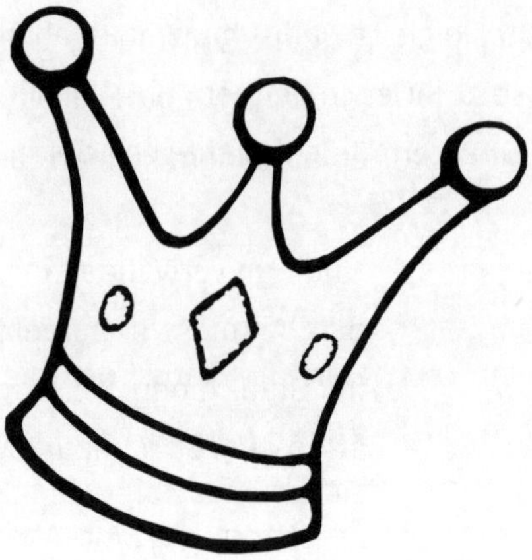

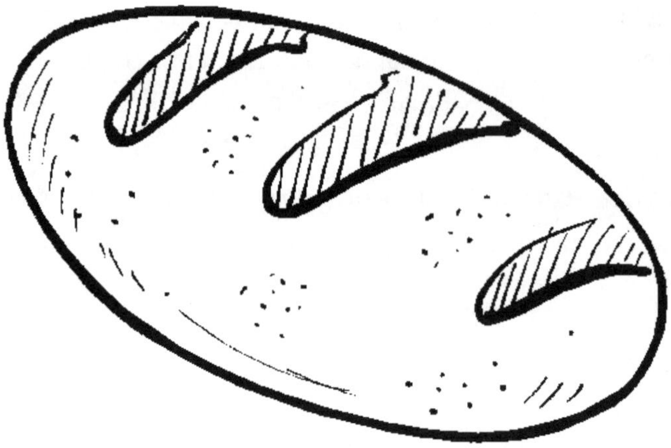

Erzählvorlage *Jesus kommt nach Jerusalem*

Legematerial s. Ablauf

Eine alte Hoffnung. Lange hat sie geschlafen. Aber nie ist sie gestorben: „Freue dich, Jerusalem, ein neuer König kommt zu dir, ein Erlöser und ein Retter. Sanftmütig kommt er, auf einem kleinen Esel."

Die Krone legen, Brot und Wein

Die Menschen, die zum Passafest nach Jerusalem kommen, tragen diese Hoffnung im Herzen. Pilatus, den die Römer zum obersten Verwaltungschef gemacht hatten, weiß davon. Aber er versteht es nicht. Ein neuer König von Gott? Auf einem Esel? „Das wäre ein schöner König", denkt er kopfschüttelnd.
Pilatus steht am Fenster seines Palastes und schaut hinaus. Was für ein Trubel in der Stadt! Pilatus fürchtet dieses Passafest. Wenn so viele Menschen zusammenkommen, kommt es leicht zu Unruhe, Aufruhr, Rebellion! Pilatus ist dafür da, für Ruhe und Ordnung zu sorgen. Im Namen des Kaisers in Rom.

Die „Straße" legen (= graues Tuch). Dazu viele Menschen (= „T-Shirts")

Pilatus sieht von seinem Fenster hinab auf ein Stück Straße. Es ist die Straße, die hineinführt nach Jerusalem, von Jericho her. Voll ist sie. Wie alle Straßen in den Tagen vor dem Fest. Auf einmal stutzt Pilatus. Die Leute da unten auf der Straße – etwas stimmt nicht. Sie strömen nicht hinein in die Stadt wie sonst. Sie stehen, als ob sie warten. „Unruhe!", denkt Pilatus. „Aufruhr, Rebellion!"
Jetzt hört er sie rufen, schreien. Es klingt aber nicht wie Protest. Es klingt wie Jubel. So klingt es, wenn in Rom der Kaiser durch die Straßen zieht. Pilatus beugt sich vor, um besser zu hören. „Ein neuer König ... Erlöser und Retter ..." Diese alte Hoffnung! Pilatus fällt fast aus dem Fenster, so weit beugt er sich vor. „Herr, hilf!", hört er. „Gelobt sei, der da kommt im Namen des Höchsten." Hosianna. Herr, hilf ...
Bewegung kommt in die Menge. Sie bilden eine Gasse. Sie schwenken Palmwedel. Sie werfen Kleider auf den staubigen Weg. Ein neuer König ... Da, da ist er. Pilatus umklammert den Fensterrahmen. Ob er Purpur trägt wie der Kaiser?

Die „T-Shirts" an den Rändern der Straße anordnen. Die Palmwedel dazu legen.

Der Mann da unten, dem sie alle zujubeln – der trägt einen ganz gewöhnlichen Umhang. Keinen Schmuck. Keine Seide, kein Leder. Keinen Purpur. Er hat keine Waffen, kein Pferd, kein prächtiges Gefolge. Sein Reittier ist so klein, dass seine Füße beinahe den Boden berühren. Pilatus könnte aufatmen. Das ist gewiss kein neuer Kaiser. Und doch ...
Als Pilatus' Frau später hereinkommt, hockt Pilatus auf dem Fensterbrett, reglos, blass im Gesicht. „Pilatus?", spricht sie ihn an. „Weißt du, wer in die Stadt gekommen ist?" Ihr Mann antwortet nicht. Aber sie hört ihn murmeln: „und reitet auf einem kleinen Esel."

Die Kinder beraten, wo Krone, Brot und Wein platziert werden sollen. Und wer da gekommen ist ...

Erster Artikel des Glaubensbekenntnisses

Ich glaube an Gott, den Vater,
den Allmächtigen,
Schöpfer des Himmels und der Erde …

Zweiter Artikel des Glaubensbekenntnisses

Und an Jesus Christus, seinen eingeborenen Sohn, unsern Herrn,
empfangen vom Heiligen Geist, geboren von der Jungfrau Maria,
gelitten unter Pontius Pilatus, gekreuzigt, gestorben und begraben,
hinabgestiegen in das Reich des Todes, am dritten Tage auferstanden
von den Toten, aufgefahren in den Himmel.
Er sitzt zur Rechten Gottes, des allmächtigen Vaters.
Von dort wird er kommen zu richten die Lebenden und die Toten.

Lied *If you're happy*

T und M: Joseph K. Phillips

* *Other possible verses:*

hit your hand
hit the floor
hit up high (hit your hand held high above your head)
knee and hand
hand and head
hit down low (hit your hand held below your knees)
Play a „..." (specify note or instrument)

M8.4

Meditation *Pfingsten*

Weißt du, wie das ist?

Auf einmal bist du mutig.
Gerade noch hast du Angst gehabt.
Dann plötzlich ist sie weg.
Verschwunden wie der graue Nebel.
Blau ist der Himmel.
Du atmest auf.
Die Angst ist weg.
Du könntest ALLES wagen!

Weißt du, wie das ist?

Auf einmal bist du fröhlich.
Gerade noch hast du Kummer gehabt.
Dann plötzlich ist er weg.
Verschwunden wie die Wolke vor der Sonne.
Licht bricht durch.
Du hebst den Blick.
Die Traurigkeit ist weg.
Du wagst ein helles Lachen.

Weißt du, wie das ist?

Auf einmal haben sie Hoffnung.
Gerade noch zweifelten sie:
„Ist Jesus wirklich auferstanden?“
Dann plötzlich sind sie sicher.
Die Angst ist weg.
Freude macht sich breit.
Sie sagen: „Das kommt vom Heiligen Geist.“
Laut rufen sie: „Halleluja!“

Lied *Komm, sag es allen weiter*

Kehrvers

Komm, sag es al-len wei - ter, ruf es in

je - des Haus hin - ein! Komm, sag es al - len

wei - ter: Gott sel-ber lädt uns ein.

Strophen

1. Sein Haus hat off - ne Tü - ren, er

ruft uns in Ge - duld, will al - le zu sich

füh - ren, auch die mit Not und Schuld.

Der Kehrvers wird nach jeder Strophe wiederholt.

T: Friedrich Walz
M: Nach dem Spiritual „Go, tell it on the mountain"

2. Wir haben sein Versprechen: / Er nimmt sich für uns Zeit, /
wird selbst das Brot uns brechen, / kommt, alles ist bereit.

3. Zu jedem will er kommen, / der Herr in Brot und Wein. /
Und wer ihn aufgenommen, / wird selber Bote sein.

Station *Petrus und Johannes*

Einführung

„Christus ist auferstanden – Er ist wahrhaftig auferstanden." Diese Frohe Botschaft haben Jesu Jüngerinnen und Jünger nach Ostern weitergesagt, von Haus zu Haus, von Dorf zu Dorf, von Land zu Land.

Zuerst in Jerusalem. Zum Beispiel Petrus und Johannes. Sie predigten im Tempel. Sie bekamen Ärger deswegen. Noch immer dachten die Priester: „Jesus hat Gott beleidigt. Er ist zu Recht gestorben." Darum wollten sie Petrus und Johannes verbieten, von Jesus zu reden.

Aber Petrus und Johannes sagten: „Wir können gar nicht anders. Er ist wahrhaftig auferstanden. Gott will, dass alle Menschen die Frohe Botschaft erfahren. Wir müssen Gott mehr gehorchen als euch!" Lest, was von Johannes und Petrus erzählt wird:

Geschichte

Petrus und Johannes gingen zum Tempel, um zu beten. Vor dem Tempel sitzen oft Bettler. Diesmal saß da ein Gelähmter. Und Petrus und Johannes blieben stehen und Petrus sagte zu dem Gelähmten: „Sieh uns an." Dann sagte er: „Wir haben kein Geld, das wir dir geben können. Aber wir haben Macht von Jesus Christus. In seinem Namen sage ich dir: Steh auf und geh!" Und so geschah es. Die Leute, die das sahen, wunderten sich sehr. Die beiden aber redeten laut von Jesus Christus und dass bei Gott kein Ding unmöglich ist …

Zur Zeit des Johannes und Petrus schmückten reiche Römer ihre Häuser mit Mosaiken, Bildern aus ganz vielen kleinen Steinchen. Gebt Johannes ein Gesicht, indem ihr mit Mosaik-Technik seine Umrisse ausfüllt. Verwendet dazu eine Vorlage, Klebstoff und Papierschnipsel.

Was hat Johannes beim Tempel gesagt? Als Weitersager der Frohen Botschaft: Christus ist auferstanden. Schreibt seine Worte auf.

Station *Philippus*

Einführung

„Christus ist auferstanden – Er ist wahrhaftig auferstanden." Diese Frohe Botschaft haben Jesu Jüngerinnen und Jünger nach Ostern weitergesagt, von Haus zu Haus, von Dorf zu Dorf, von Land zu Land.

Zum Beispiel Philippus. Er traf einen Mann aus Afrika, der auf der Suche nach Gott war. Lest, was davon erzählt wird:

Geschichte

Der Mann aus Afrika war zum Tempel nach Jerusalem gekommen, weil er gehört hatte: Da wohnt der wahre Gott. Auf der Rückfahrt in seine Heimat – er fuhr in einer prächtigen Kutsche – las er eine Schriftrolle, die er beim Tempel gekauft hatte. Es waren Worte des Propheten Jesaja. Auf einmal ging ein Mann neben dem Wagen her und schaute zu ihm herein. „Verstehst du, was du liest?", fragte der Mann. Der Afrikaner hob die Schultern. „Wie kann ich das verstehen? Es ist niemand da, der es mir erklärt." Der Mann sagte: „Ich bin Philippus, ein Jünger des wahren Herrn. Lass mich ein Stück auf deinem Wagen mitfahren; dann will ich dir alles erklären." Der Afrikaner willigte ein. Und er zeigte Philippus, was er las: „So spricht Gott: Mein Gesandter, mein Gesalbter: Er wird zu euch kommen in meinem Namen. Aber ihr werdet ihn nicht erkennen. Ihr werdet ihn verspotten und schlagen, ihr werdet ihn gefangen nehmen und töten. Ich aber will ihn erwecken ..." Der Afrikaner sah Philippus erwartungsvoll an. „Nun sag mir doch: Von wem ist hier die Rede? Wer ist dieser Gesalbte und ist er schon gekommen?" Und Philippus erklärte ihm alles. Es heißt, dass der Afrikaner ihm glaubte. Und dass er sich auf der Stelle taufen ließ ...

Zur Zeit des Philippus schmückten reiche Römer ihre Häuser mit Mosaiken, Bildern aus ganz vielen kleinen Steinchen. Gebt Philippus ein Gesicht, indem ihr mit Mosaik-Technik seine Umrisse ausfüllt. Verwendet dazu eine Vorlage, Klebstoff und Papierschnipsel.

Was hat Philippus dem Afrikaner gesagt? Als Weitersager der Frohen Botschaft: Christus ist auferstanden. Schreibt seine Worte auf.

Station *Petrus*

Einführung

„Christus ist auferstanden – Er ist wahrhaftig auferstanden." Diese Frohe Botschaft haben Jesu Jüngerinnen und Jünger nach Ostern weitergesagt, von Haus zu Haus, von Dorf zu Dorf, von Land zu Land.

Zum Beispiel Petrus. Er wanderte umher und sprach mit denen, die Juden waren wie er. Aber einmal lud ihn ein römischer Hauptmann in sein Haus. Die Römer kannten Gott nicht. Lies, was erzählt wird:

Geschichte

Petrus, der von Anfang an bei Jesus gewesen war, reiste immer weiter, um allen Menschen von der Frohen Botschaft zu erzählen. Allen Menschen? Nein, nur den Juden. Denn er hatte gelernt, dass nur die Juden den wahren Gott kennen. Eines Tages jedoch sah Petrus ein Traumbild: Juden und Römer an einem Tisch. „Herr!", rief Petrus im Traum. „Darf das sein?" Und die Stimme Gottes antwortete Petrus im Traum und sprach: „Weißt du denn nicht, Petrus: Alle Menschen sind meine Kinder." Dreimal hörte Petrus diese Worte, und als er aus dem Traum erwachte, wunderte er sich, was dieser Traum wohl bedeutete. Während er sich noch wunderte, kam ein Bote und brachte einen Brief: „Bitte, komm in mein Haus und erzähle mir von Gott!" Es war ein Römer, der das geschrieben hatte, ein römischer Hauptmann mit Namen Kornelius. Bald darauf saß Petrus am Tisch des Römers – genauso, wie er es im Traum gesehen hatte. Kornelius kannte den wahren Gott. Er hatte schon oft nach ihm gefragt. Und jetzt fragte er Petrus nach Jesus. Und Petrus erzählte ihm alles. Es heißt, dass Kornelius Petrus glaubte. Und dass er sich taufen ließ mit allen in seinem Haus.

Zur Zeit des Petrus schmückten reiche Römer ihre Häuser mit Mosaiken, Bildern aus ganz vielen kleinen Steinchen. Gebt Petrus ein Gesicht, indem ihr mit Mosaik-Technik seine Umrisse ausfüllt. Verwendet dazu eine Vorlage, Klebstoff und Papierschnipsel.

Was hat Petrus dem Hauptmann Kornelius geantwortet? Als Weitersager der Frohen Botschaft: Christus ist auferstanden. Schreibt seine Worte auf.

Station *Paulus*

Einführung

„Christus ist auferstanden – Er ist wahrhaftig auferstanden." Diese Frohe Botschaft haben Jesu Jüngerinnen und Jünger nach Ostern weitergesagt, von Haus zu Haus, von Dorf zu Dorf, von Land zu Land.

Zum Beispiel Paulus. Er trug die Frohe Botschaft sogar über das Meer, nach Kleinasien, Griechenland und bis nach Rom. Lies, was von ihm erzählt wird:

Geschichte

In Athen ging Paulus lange in der Stadt umher. Er sah sich die Häuser der vornehmen Familien Athens an, die Schulen und Universitäten. Athen war berühmt für die Weisheit seiner Philosophen und die Kunst seiner Dichter. Paulus fand aber noch etwas anderes: Tempel. Nicht einen wie in Jerusalem, sondern viele. Nicht für den einen wahren Gott wie in Jerusalem, sondern für viele. Ja, viele Gottheiten wurden in Athen verehrt, Götter und Göttinnen, und jeder und jede hatte einen Tempel. Paulus fand das ganz falsch und er beschloss, den Athenern mitten in ihrer prächtigen Stadt von Jesus Christus zu erzählen, dem gekreuzigten und auferstandenen Herrn. Er fand noch einen letzten Tempel. Darin war kein Götterbild und auch kein Göttername, sondern eine Marmortafel. Darauf stand: „Dem unbekannten Gott". „Das ist es!", dachte Paulus. „Sie sind noch auf der Suche!" Und dann hielt er eine große, berühmte Rede, mitten in Athen ... Und es heißt: Manche Athener glaubten ihm. Aber andere zweifelten und sagten, sie müssten erst einmal nachdenken.

Zur Zeit des Paulus schmückten reiche Römer ihre Häuser mit Mosaiken, Bildern aus ganz vielen kleinen Steinchen. Gebt Paulus ein Gesicht, indem ihr mit Mosaik-Technik seine Umrisse ausfüllt. Verwendet dazu eine Vorlage, Klebstoff und Papierschnipsel.

Was hat Paulus den Athenern gesagt? Als Weitersager der Frohen Botschaft: Christus ist auferstanden. Schreibt seine Worte auf.

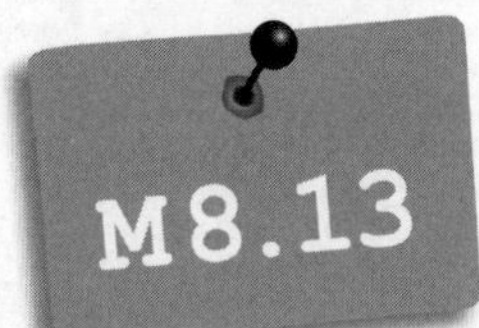

Lied *Strahlen brechen viele*

M: © Olle Widestrand

2. Zweige wachsen viele aus einem Stamm. / Unser Stamm heißt Christus. / Zweige wachsen viele aus einem Stamm – / und wir sind eins durch ihn

3. Gaben gibt es viele, Liebe vereint. / Liebe schenkt uns Christus. / Gaben gibt es viele, Liebe vereint – / und wir sind eins durch ihn.

4. Dienste leben viele aus einem Geist, / Geist von Jesus Christus. / Dienste leben viele aus einem Geist – / und wir sind eins durch ihn.

5. Glieder sind es viele, doch nur ein Leib. / Wir sind Glieder Christi. / Glieder sind es viele, doch nur ein Leib – / und wir sind eins durch ihn.

Missionsbefehl

Jesus Christus spricht

Ich habe Macht von Gott über Himmel und Erde.

Darum: Geht hin in alle Welt
und zeigt den Menschen den Weg zu mir.

Tauft sie und erzählt ihnen von Gottes Himmel.

Glaubt mir, ich werde immer bei euch sein bis zum Ende der Welt.

nach Matthäus 28,18–20

Dritter Artikel des Glaubensbekenntnisses

Ich glaube an den Heiligen Geist,
die heilige christliche Kirche,
Gemeinschaft der Heiligen,
Vergebung der Sünden,
Auferstehung der Toten
und das ewige Leben.

Erzählvorlage *Ein Fluch verwandelt sich in Segen*

„Fluch über sie!", grollt Balak, der König der Moabiter. Ein Mann Gottes steht vor ihm, Bileam. „Du sollst sie verfluchen", sagt König Balak zu Bileam. „Wen?", fragt Bileam. „Ich will sie dir zeigen", sagt der König. „Komm!"

Der König führt den Mann Gottes auf einen Berg. „Sieh", sagt er, „sieh hinunter ins Tal." Bileam schaut. Und er sieht ein Meer von Zelten und Menschen. Soweit das Auge reicht lagern dort Menschen. Ein ganzes Volk. „Das ist das Volk Israel", sagt der König grimmig. „Sie kommen aus der Wüste. Sie sind wie Heuschrecken. Ich fürchte, sie wollen mein Land." Er streckt den Arm aus. „Du, Bileam musst sie verfluchen. Mach sie schwach und mach, dass sie fliehen. Hier bei uns haben sie nichts zu suchen." „Warum ich?", fragt Bileam. „Ich weiß, du bist ein Mann Gottes", sagt der König. „Du hast die Macht."

„Nur wenn Gott will", sagt Bileam. Und dann hebt er die Arme. Er sieht herab auf das Volk und beginnt: „Was für ein Volk kommt da aus der Wüste! Wie tapfer sind sie, wie stark! Was haben sie alles erduldet. Gott gebe ihnen Glück für ihre Ankunft im Land der Verheißung. Ja, Gott segne sie."

Der König schreit auf. „Was machst du denn, Bileam? Fluchen sollst du. Aber du segnest." Und eilends führt er Bileam zu einem anderen Aussichtspunkt. „Schau", sagt er, „sieh genau hin. Erst von hier kannst du wirklich sehen, wie groß und wie stark sie sind. Ich sage dir: Sie müssen weg!"

„Nur wenn Gott will", sagt Bileam. Und hebt seine Arme und spricht: „Was für ein Volk! Männer und Frauen, Alte und Junge, Kinder und Vieh. Viel haben sie verloren. Von nun an soll es ihnen gut gehen! Ja, willkommen ist Israel im Land der Verheißung. Sie gehen unter Gottes Segen."

Und wieder schreit der König. „Was tust du mir an, Bileam? Ich holte dich, damit du fluchst. Du aber segnest meine Feinde." Und er führt Bileam zu einem dritten Aussichtspunkt. „Hier!", ruft er. „Siehst du es nun? Wie gefährlich sie sind? Mach endlich, dass sie abhauen!"

„Wenn Gott will", sagt Bileam. Er hebt die Arme und spricht: „Volk Israel: Wie bist du gesegnet. Die Engel Gottes tragen dich, dass du deinen Fuß nicht an einen Stein stoßest. Sie tragen dich auf Händen, damit dir nichts geschieht. Frieden sei mit dir."

Da erkannte König Balak, dass er gar nichts machen konnte. Und er fürchtete sich und jagte den Mann Gottes davon.

Bibelblatt *Bileam*

Die Denk-Mal-Sätze

Diese Sätze sind Formulierungsvorschläge.
Im Gespräch mit den Kindern kann ebenso Druckreifes entstehen – und Besseres.

Denk-Mal 1: „Lebenszeit ist wie ein Strahl; sie läuft von der Vergangenheit in die Zukunft."

Denk-Mal 2: „Wir leben mit beiden Zeit-Modellen – Strahl und Kreis."

Denk-Mal 3: Wer an Gott glaubt, glaubt: „Ob wir gehen oder uns drehen – Gott ist da."

Denk-Mal 4: Wer an Gott glaubt, glaubt: „Gott will, dass Menschen achtsam leben und sich vertragen."

Denk-Mal 5: Christen glauben: „Jesus lebte so, wie Gott will. Er bringt es uns bei."

Denk-Mal 6: Wer an Gott glaubt, glaubt: „Gott kann helfen und retten."

Denk-Mal 7: Wer an Gott glaubt, glaubt: „Gott hat die Welt gut eingerichtet."

Denk-Mal 8: Christen glauben: „Gottes Himmel kommt."

Denk-Mal 9: Wer an Gott glaubt, glaubt: „Gott hat einen guten Plan für die Welt."

Denk-Mal 10: Christen glauben: „Jesus ist Gottes Sohn – wie das zu verstehen ist, bleibt ein Geheimnis."

Denk-Mal 11: Taufe bedeutet: „Mit Jesus gehen."

Denk-Mal 12: Jesus Christus zeigt: „Nicht alles, was gemacht werden kann, ist gut."

Denk-Mal 13: „Die Geschichten in der Bibel sind Glaubensbekenntnisse."

Denk-Mal 14: Christen glauben: „Wir müssen weitererzählen, was wir von Jesus erfahren haben."

Denk-Mal 15: Christen glauben: „Gottes Geist gibt Freude und Mut."

Die *Spruchbänder*

Hinweis: In Einheit 4 (E = Einheit) gibt es aus inhaltlichen Gründen drei Sprüche; fett gedruckt ist der, der den Schwerpunkt der Einheit bildet.

nach 1 Mose 28,15	Gott spricht: „Siehe, ich bin bei dir und will dich behüten, wo du hinziehst, und will dich wieder nach Hause zurückbringen. Und ich will dich nicht verlassen, bis du wohlbehalten zu Hause bist."	E1
nach Joh 11,25	Jesus spricht: „Wer auf meinem Weg geht, der wird leben."	E2
nach Ps 121,1	**Ein Beter spricht: „Ich hebe meine Augen auf zu den Bergen. Woher kommt mir Hilfe?"**	E3
nach Ps 121,2	**„Meine Hilfe kommt vom Herrn, der Himmel und Erde gemacht hat."**	
nach Mt 6,25–33	(1) Jesus spricht: „Seht die Vögel unter dem Himmel – sie bekommen ihre Nahrung von Gott; seht die Blumen auf dem Feld – sie bekommen ihre Kleider von Gott."	E4
	(2) Jesus spricht: „Darum: Sorgt euch nicht dauernd um Nahrung und Kleidung! Ihr seid mit diesen Sorgen nicht allein!"	
nach Röm 8,24	**Paulus spricht: „Wir haben Gottes Himmel vor Augen, aber so, dass er kommt."**	
nach Röm 13,12	Paulus spricht: „Die Nacht ist vorgerückt; der Tag aber nahe herbeigekommen."	E5
nach Mt 20,28	Jesus spricht: „Ich bin nicht zu euch gekommen, damit ihr mir dient. Sondern damit ich euch diene und viele erlöst werden."	E6
nach Lk 18,31	Jesus spricht: „Wir gehen hinauf nach Jerusalem und es wird alles geschehen, was die Propheten verkündet haben von dem Erlöser."	E7
nach Mt 28,18–20	Jesus spricht: „Geht hin in alle Welt und zeigt den Menschen den Weg zu mir. Tauft sie und erzählt ihnen von Gottes Himmel. Glaubt mir, ich werde immer bei euch sein bis zum Ende der Welt."	E8

Die *Spruchbänder* aus dem zweiten Schuljahr

nach Jes 42,3	Jesus spricht: „Das geknickte Rohr will ich nicht zerbrechen.“
nach Ps 136,4	Gott allein tut Wunder, denn seine Güte ist ewig.
nach Ps 42,2	Wie der Hirsch lechzt nach kühlem Wasser, so schreit meine Seele, mein Gott, zu dir.
nach Röm 14,8	Ob wir leben oder sterben – du hältst uns in deiner Hand.
nach Lk 2,10	Fürchtet euch nicht! Seht ich verkündige euch eine große Freude!
nach Ps 139,5	Von allen Seiten umgibst du mich und hältst deine Hand über mir.
nach Joh 12,24	Jesus spricht: „Das Weizenkorn muss in die Erde fallen. Nur dann bringt es Frucht.“
nach Eph 2,19	Ihr seid nicht mehr Fremde, sondern eine große Familie im Haus Gottes.

Die *Spruchbänder* aus dem ersten Schuljahr

nach Jes 43,1	Gott spricht: „Fürchte dich nicht! Ich kenne dich beim Namen. Ich behüte dich.“
nach Ps 104,27	Danke, Gott: Du gibst Speise zur rechten Zeit!
nach Ps 139,14	Danke, Gott: ich bin wunderbar gemacht!
nach Jes 66,13	Gott spricht: „Ich will dich trösten wie eine Mutter.“
nach Ps 6,10	Danke, Gott: Du hörst meine Klage und mein Gebet.
nach 1 Mose 18,14	Oh Gott, bei dir sind alle Dinge möglich.
nach Lk 19,10	Jesus spricht: „Ich bin gekommen, um zu finden, was verloren ist.“